公路施工技术丛书

沥青路面施工技术

主　编　李建斌
副主编　盛燕萍　李海滨　邵　平

中国建筑工业出版社

图书在版编目(CIP)数据

沥青路面施工技术／李建斌主编. —北京：中国建筑
工业出版社，2009
（公路施工技术丛书）
ISBN 978-7-112-11071-1

Ⅰ. 沥… Ⅱ. 李… Ⅲ. 沥青路面－施工技术
Ⅳ. U416.217

中国版本图书馆 CIP 数据核字（2009）第 102176 号

公路施工技术丛书
沥青路面施工技术

主　编　李建斌
副主编　盛燕萍　李海滨　邵　平

＊

中国建筑工业出版社出版、发行（北京西郊百万庄）
各地新华书店、建筑书店经销
北京华艺制版公司制版
北京市彩桥印刷有限责任公司印刷

＊

开本：850×1168 毫米　1/32　印张　7¼　字数：210 千字
2009 年 9 月第一版　2009 年 9 月第一次印刷
印数：1—3000 册　定价：**18.00** 元
ISBN 978-7-112-11071-1
（18316）

本书分七章介绍了国内外在沥青路面方面的最新成果,并结合实际施工经验介绍了国内常用基层和面层的施工技术,对施工过程中的一些重要环节提出控制措施。第一章介绍了国内常用的路面基层类型,从原材料、施工准备、混合料组成设计、施工和接缝及养生方面进行说明分析。第二章介绍了热拌沥青路面的施工技术。第三章主要介绍了水泥混凝土路面的施工技术。对沥青路面和水泥路面的施工中容易出现质量问题的环节提出控制措施,保证了路面的施工质量。第四、五章介绍了沥青路面表面处治与贯入式路面的施工技术;第六章介绍了透层、封层、粘层的施工技术;第七章着重介绍国内常用的一些特殊路面的施工技术,包括 SMA 路面、OGFC 路面、彩色路面和 SUPERPAVE 路面。

本书的出版主要是供有关从事路基、路面工程的建设、监理、施工单位的工程技术人员使用参考,有着很好的借鉴和帮助作用,希望为我国沥青路面施工质量的提高起到抛砖引玉的作用。

责任编辑:王　磊　田启铭　姚荣华　张文胜

责任设计:张政纲

责任校对:刘　钰　孟　楠

公路施工技术丛书编委会

总　　序

　　近年来，我国公路交通事业保持了持续快速健康发展的好势头，交通基础设施建设取得瞩目成就。截至 2008 年年底，我国公路网总里程已达 373 万公里（包括农村公路 172 万公里），其中高速公路通车里程为 6.03 万公里。目前公路施工等领域的相关从业人员，包括施工、监理以及项目管理人员，亟需一套公路施工方面的工具书，来指导自己的工作，以保证工程质量、提高工作效率。

　　公路施工技术丛书基本涵盖了当今公路施工领域所涉及的各个方面，它不仅包括道路、桥梁和隧道施工技术、施工监理，也包括道路、桥梁和隧道的检测、维护和运营管理等方面的内容。本套丛书的作者包括高等院校的老师、工程项目管理人员以及工程技术负责人，他们的共同特点就是拥有丰富的实践经验，具备扎实的理论功底，并且他们都十分了解行业的发展动态，从而保证了这套丛书的实用性和特色。

　　本套丛书可以作为公路工程的施工技术人员、监理人员以及项目管理人员的工具书，同时也可以作为大专院校相关专业学生的学习参考书。

前　言

　　我国的高速公路经过数十年的发展已基本形成初具规模的高速公路网架构，并仍以每年数千公里的速度继续延伸，为国家经济建设发展注入了强大的动力。随着公路等级和里程数的不断提高，对路面提出了更高的要求，促使进一步深入开展路面的研究工作，并相继提出新的沥青技术标准和沥青混合料配合比设计的方法，针对这些新的设计方法和技术标准，对路面的施工技术也提出了更高的要求。本书的出版主要是供有关工程技术人员使用参考，希望为我国沥青路面施工质量的提高起到抛砖引玉的作用。

　　本书收集了国内外在路面方面的最新研究成果和成功的实践经验，既注重内容的深度与广度，又注重实际施工的实用性；既反映了世界范围内的路面施工技术水平，又立足我国的路面施工现状和发展；既突出强调重点，又考虑详略得当，对其中的关键环节提出控制措施，在标准采用上体现先进性、科学性与操作实用性，尤其注意对较难的施工技术和关键环节作了深入浅出的论述，同时也兼顾了道路施工方面的前沿性内容。

　　本书分七章介绍了国内外在沥青路面方面的最新成果，并结合实际施工经验介绍了国内常用基层和面层的施工技术，对施工过程中的一些重要环节提出控制措施。第一章介绍了国内常用的路面基层类型，从原材料、施工准备、混合料组成设计、施工和接缝及养生方面进行说明分析；第二章介绍了热拌沥青路面的施工技术；第三章主要介绍了水泥混凝土路面的施工技术；第四、五章介绍了沥青路面表面处治与贯入式路面的施工技术；第六章介绍了透层、封层、粘层的施工技术；第七章着重介绍了国内常用的一些特殊路面的施工技术，包括 SMA 路面、OGFC 路面、彩色路面和 SUPERPAVE 路面。

全书由陕西省公路局李建斌主编，长安大学盛燕萍、李海滨和河南中原高速公路股份有限公司邵平为副主编，山东交通职业学院刘莲馥参与了资料的搜集、整理和第二章的编写，合肥工业大学侯超群参与了资料的搜集、整理和第五章的编写。

在本书的编写过程中，参考了大量相关文献，在此一并向各位作者表示感谢。

由于编著水平所限，手册中错误与不足之处在所难免，敬请读者批评指正。

李建斌

目　　录

第一章 路面基层

随着高速公路的迅速发展，无机结合料稳定基层特别是水泥稳定碎石基层因其具有良好的力学性能和板体性以及与面层结合好的技术特点，被广泛应用于高等级公路路面基层或底基层的修建中。它大大减少了道路面层裂缝、坑槽等病害产生的几率，且具有施工速度快、操作方便、料源丰富和经济性等特点。

为避免水泥稳定碎石基层的不足之处，以及由此产生的路面早期破坏，需要道路工作者必须对水泥稳定碎石基层进行合理的材料组成设计和施工过程控制，以发挥其最佳性能，减少病害的产生，延长道路的使用寿命。

第一节 水泥稳定碎石基层

水泥稳定碎石基层不仅因其在技术上的优势，如具有强度高、刚度大、整体性强、水稳性和抗冻性好等特点，而且由于原材料来源广泛、价格低廉，仍将是高等级公路路面的基层和底基层的主要形式之一。

一、原材料

水泥稳定碎石基层的原材料主要有水泥、粗集料、细集料。首先进行有代表性的取样（水泥、砂、碎石、石屑）并做原材料试验，经检验合格后方可进场。具体要求如下：

1. 水泥

水泥作为混合料的一种稳定剂，其质量对混合料质量的影响是至关重要的。

（1）在进场前，承包商要到水泥厂进行考察，包括其生产能力、技术水平、质量保证体系，并对水泥样品的等级、初终凝时间、安定性和细度指标等进行检验，不得使用已受潮变质的水泥。

若采用散装水泥，需要在水泥进场时了解水泥的出炉天数，刚出炉的水泥要停放 7d 以上，且安定性合格后才能使用。夏季高温作业时，水泥入罐温度不能高于 50℃，否则会降低水泥的流动性，影响混合料的水泥剂量。

（2）为保证水稳碎石混合料有足够的时间来运输、摊铺及碾压，按照规范要求应选用初凝时间 3h 以上和终凝时间较长的低强度等级水泥，终凝时间一般要求 6～10h，夏季气温较高可取高值，春秋季节气温较低时取低值。

（3）水泥可采用普通硅酸盐水泥、矿渣硅酸盐水泥、火山灰水泥，不得选用快硬水泥、早强水泥和其他受外界影响而变质的水泥。

2. 集料

集料是水泥稳定碎石基层的主体，其质量影响混合料的强度和承载力。集料必须由具有生产许可证的采石场或施工单位自行加工。

拌合厂应建立集料进厂验收制度，拒收不合格的集料。堆料场地应硬化，集料应按设计的几种规格粒级分隔堆放，不得混杂，宜采用小堆，避免料堆过高，造成大颗粒向周边滚落，影响集料级配。细集料需要覆盖，防止雨淋。

（1）粗集料：粗集料应该洁净、干燥、表面粗糙且应具有足够的强度。施工经验表明，较粗的水稳粒料对施工不利，粗集料中超粒径粒料较多时，在拌合、运输和摊铺过程中易产生离析现象。集料粒径愈大，基层表面的离析就愈严重，碾压后易形成粗细集料窝，使内外质量都受到不利影响；最大粒径过大，对拌合机和摊铺机的磨损也大，同时影响基层的平整度和表面的均匀性，因此用于基层的粗集料最大粒径应控制在31.5mm以内，用于底基层时粗集料最大粒径应控制在37.5mm以内。

为减少基层材料的收缩性和减少基层裂缝，集料中不宜含土，同时集料的压碎值、扁平细长颗粒的含量及其他指标不得超过规范要求。水泥稳定碎石混合料中粗集料压碎值不应大于30%，针片状含量不宜大于15%，集料中小于0.6mm的颗粒必须做液限和塑性指数试验。有塑性指数时，小于0.075mm的颗粒含量不应超过5%，无塑性指数时，小于0.075mm的颗粒含量不应超过7%。

（2）细集料：主要是控制好优质天然砂、石、屑的颗粒组成和掺和量，保证级配连续。中（粗）天然砂进场前，应对砂的视密度、砂当量、筛分和含泥量进行试验，看是否满足规范要求。如有必要，需进行有机质含量及硫酸盐含量的检测。

3. 水

水应清洁不含有害杂质，凡是饮用水（含牲畜饮用水）均可用于水泥稳定碎石基层的施工。

二、施工准备

水泥稳定碎石混合料质量应符合有关设计和规范标准的要求。

1. 作业面检测

（1）下承层表面应平整、坚实，各项检测指标必须符合有关规定。检测项目包括压实度、弯沉、平整度、纵断高程、中线偏差、宽度、横坡度和边坡等。清除下承层表面的浮土、积水、杂物等，并将作业面洒水湿润。

（2）恢复中线，直线段每 20m 设一个中桩，平曲线段每 10m 测设一个中桩，同时测放摊铺面宽度，并在摊铺面每侧 200～500mm 处安放中墩同时测设高程。摊铺应采用双基准线控制，基准线可采用钢丝绳或铝合金导梁，高程控制桩间直线段宜为 20m，曲线段宜为 10m。当采用钢丝绳作为基准线时，应注意张紧度，200m 长钢丝绳张紧度不应小于 1000N。

（3）在正式施工前，已进行了 100～200m 试验段的施工，获得了机械合理组合、摊铺碾压等技术参数（虚铺系数、碾压遍数、行驶速度等）。

2. 机具设备

配备齐全的施工机械和配件，做好开工前的保养、试机工作，并保证在施工期间一般不发生有碍施工进度和质量的故障。路面基层施工，一律要求采用集中厂拌、摊铺机摊铺，按层次施工，配备足够的拌合、运输、摊铺、压实机械。

（1）主要机械、检测设备：拌合机、摊铺机、铲车、自卸汽车、振动压路机、胶轮压路机、水车、全站仪、经纬仪、水准仪、钻芯机、弯沉仪、3m 直尺。

（2）一般机具：测墩、3mm 或 5mm 直径钢丝绳、倒链、钢钎、铝合金导梁、试验设备等。

三、混合料组成设计

水泥稳定碎石的优良性能首先应通过混合料配合比设计予以保证。近年来的实践表明，水稳碎石材料作为路面基层，应综合考虑其强度、回弹模量、收缩和抗冲刷能力等性能，以此为控制指标选择集料级配、水泥剂量和含水量等。

水泥稳定材料的组成设计包括：根据规定的材料指标要求，通过试验选取合适的集料和水泥；确定合理的集料配合比例、水泥剂量和混合料的最佳含水量，水泥稳定碎石混合料组成设计步骤见图1-1。

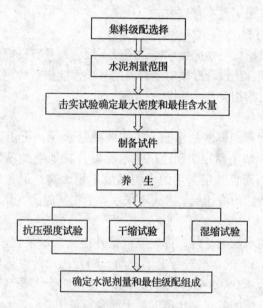

图1-1 水泥稳定碎石混合料组成设计步骤框图

1. 配合比设计的原则

（1）满足规范要求的强度值 3～5MPa，确定合理的水泥剂量。为了达到设计强度必须具有足够的水泥剂量；

（2）对集料要求有尽可能合理的级配，稳定结构的抗裂性能好。在满足设计强度的基础上使用最少的水泥用量，以减少裂缝的产生；在减少水泥量的同时限制细集料、粉料的用量，同时根据施工的气候条件限制含水量，具体要求水泥剂量≤5.5%、细集料中的 0.075mm 以下颗粒含量≤5%、含水量不宜超过最佳含水量的 1%；

（3）便于指导施工，控制施工作业时间。施工中混合料的和易性要好，避免粗细集料离析；

（4）各材料的用量要考虑经济性，集料和水泥的选择应因地制宜，水泥用量不宜过大。

2. 原材料

合格的原材料是确保水泥稳定碎石混合料具有良好性能的前提，因而配合比设计时须对原材料的各项性能进行检测，使其符合规范规定的相关技术标准。

（1）水泥

宜采用普通硅酸盐水泥、矿渣硅酸盐水泥、火山灰矿渣硅酸盐水泥，禁止使用快硬性早强水泥以及其他受外界影响而变质的水泥，而且基层采用的水泥强度不用太高，但各龄期的强度等各项指标均应达到要求。要求水泥的初凝时间 >3h，终凝时间≥6h。

在选用水泥剂量时，首先应根据外掺法选取最佳水泥剂量，然后以 ±0.5% 的含量进行上下波动，配合比设计时选取的水泥剂量一般为 4.0%、4.5%、5.0% 和 5.5% 四个水泥剂量，然后根据合成级配的各矿料比例配制干混合料备用。

（2）集料的选用

基层所用集料应符合《公路路面基层施工技术规范》（JTJ 034—2000）的规定标准，具体指标包括压碎值、细粒料塑性指数、液限和颗粒级配等。水泥稳定碎石集料加工要采用反击式轧石机，最大粒径 31.5mm，对于生产中针片状过大的要加隔片筛、整形机等设备减少针片状的含量。另外，严格控制集料中 <0.6mm 颗粒的液限及塑性指数，减小其对水稳碎石混合料的用水量和干缩性能产生的影响。液限越大水稳碎石混合料的用水量越大，成型后干缩也越大；塑性指数越高，则

说明细集料中黏粒成分较多，使得水稳基层的水稳定性降低。

3. 混合料级配

配合比设计是控制水泥稳定碎石基层质量的关键环节，在进行配合比设计时，要选择合适的级配范围和控制水泥用量：一是控制混合料的最大粒径，减小混合料离析现象；二是控制细料用量，当粉粒含量超过一定值时，水泥稳定碎石的强度和弹性模量明显减小，如细料偏多，混合料压实后表面光滑，与沥青面层联结不利，且抗冲刷能力也会减弱；三是在满足强度要求和最小水泥剂量的前提下，少用水泥，水泥稳定碎石的水泥剂量不宜超过 6%。

合理的混合料级配可减少集料离析和水泥剂量不均，也有利于强度的形成。若粗、细矿料的粒径相差过大，缺少中间尺寸，则集料在通过摊铺机螺旋输送器布料时容易分层沉积，粗料集中在表面，细料集中在底部，不仅造成离析而且影响混合料整体强度。粗料太多、细料太少，混合料中水泥不容易分布在粗粒表面，结构整体强度会降低；而粗料太少、细料太多，不利于形成骨架，也会造成结构强度降低。因此，混合料级配应严格要求。

4. 最佳含水量和最大干密度

在不同的水泥用量下，分别按不同含水量配制几组混合料进行重型击实试验，将密度与含水量表示在一张图中，曲线的顶点对应的密度和含水量就是该级配下混合料的最佳含水量和最大干密度。然后按《公路工程无机结合料稳定材料试验规程》规定的方法进行无侧限抗压强度试验，根据碎石最大粒径选用相应尺寸试模，在规定温度、湿度的条件下养护 6d，浸水 1d，测定其无侧限抗压强度，有条件的情况下还应综合考虑其力学性能、抗裂性、耐疲劳性等各项路用性能。

水泥稳定碎石 7d 浸水无侧限抗压强度代表值应满足 $R_d \geqslant$ 3.0～5.0MPa。试验的抗压强度结果应满足下式要求：

$$R_d \geq R_{平均}(1 - Z_\alpha \cdot C_v)$$

式中　　R_d——抗压强度代表值，MPa；

　　$R_{平均}$——该组试件抗压强度的平均值，MPa；

　　Z_α——保证率系数，高速公路保证率 95%，此时 $Z_\alpha =$ 1.645；

　　C_v——试验结果的偏差系数（以小数计）。

根据上述试验结果，比较各配比方案的经济性、适应性，确定生产配合比，铺筑试验路段，指导施工作业。

四、基层施工

目前，水泥稳定碎石基层混合料拌合有路拌法和厂拌法两种，路拌法因受到配料不准、拌合不均匀等因素影响，工程质量难以保证，故水泥稳定碎石一般采用厂拌法施工。水泥稳定碎石施工大多采用集中厂拌，摊铺机摊铺，因此在施工中应严格控制拌合站各项技术参数，如混合料级配、水泥剂量、含水量，强度是一个后控制指标，一旦出现问题，很难补救。因此只有严格按规范施工，加强每一施工环节的质量控制，才能保证施工质量。

1. 混合料的拌合

（1）厂拌法

水泥稳定碎石的拌合一般采用集中厂拌，不宜采用现场搅拌。因现场拌合容易将下层土勾起，进入混合料，质量难以保证，且混合料粉尘容易污染环境。

厂拌法是利用专用拌合机集中拌合，具有剂量比较准、拌合比较均匀等优点，解决了路拌可能存在底部拌不透的问题，特别是场拌料运到现场，采用摊铺机摊铺，用振动压路机碾压，平整密实，效果较好，宜推广使用。但拌合前应反复测试调整，使其符合级配要求。搅拌混合料应让搅拌机连续稳定作业，严格控制搅拌时间，使拌出的混合料处于最佳的混合状态。

（2）拌合要求

1）选择精良的拌合设备

基层施工结构层厚、施工速度快、拌合料用量大，因而要求拌合设备的生产率较高，应尽量采用拌合能力大，搅拌缸长且拌齿转速快的拌合楼，经过反复筛分与调试后，使混合料的颗粒组成和含水量都达到规定的要求。为确保拌合、摊铺施工的连续性，拌合机产量宜大于400t/h，如拌合机的生产能力较小，在用摊铺机摊铺混合料时，应采用最低速度摊铺，以减少摊铺机停机待料的情况。

2）严格控制含水量

拌合时应做到配料准确、拌合均匀，拌合混合料时含水量一般应比最佳含水量高1%~2%，以弥补气候、温度、运输、施工对含水量的影响，确保施工时达到最佳含水量的要求。若含水量小，混合料极易松散，不易碾压成型；含水量大，则易形成软弹，无法碾压，且碾压过程中易形成波浪而无法保证表面平整度。

现场施工时一定要时刻关注气温、日照等自然条件，随着拌合楼距离的改变查看对碾压效果的影响，含水量随时调整。现场试验人员要不断地观察混合料的情况，经常化验含水量及水泥剂量，以保证混合料的质量，从拌合机内加水拌合到完成压实工作的时间一般不超过2h，严禁超过水泥初凝时间。

3）严格控制水泥剂量

水泥是水泥稳定碎石基层的重要组成材料，水泥剂量不光对基层强度有重要影响，同时还影响基层的干缩性。水泥剂量太小，容易使水泥稳定碎石强度不满足结构承载力要求；水泥剂量太大，既不经济，又会使基层裂缝增多、增宽，引起面层的反射裂缝。所以，必须严格控制水泥用量，做到经济合理，精益求精，以确保工程质量。考虑到施工离散性的影响，实际施工水泥剂量应比设计值增加 0.5%，在拌合过程中应随时观察混合料拌合后的颜色，防止水泥堵塞不流动。

4）保证混合料拌合的均匀性

① 含水量的均匀性。水泥稳定碎石混合料在最佳含水量附近时，容易压实。通常情况下，只要注意在养护过程中不使水分有大量的损失，混合料中的水分能够满足水泥水化的要求。

混合料中的水分较少时，不仅影响水泥的水化作用，同时由于颗粒之间的间距较小，颗粒之间的吸附力及摩擦阻力较大，碾压时，不易达到较高的密度。当混合料中的水分较多时，颗粒之间过于润滑，会出现"弹簧现象"，也不易达到较高的密度。含水量较大的混合料干缩应变也较大，易产生干缩裂缝。在施工时视天气情况，含水量一般较最佳含水量增加 0.5% ~1%，补偿混合料在摊铺过程中水分的散失。因集料本身的含水量差异较大，尤其是雨后，加水量一定时，混合料的含水量无法保持稳定。在拌合时，可让有经验的人员全过程观察并根据实际情况及时调整加水量。尽量减少拌合机在拌合过程中的停机次数。

② 水泥分布的均匀性。混合料拌合不均匀，水泥裹覆集料不均匀，易出现"花白"料，这样的料铺筑在道路上会引起松散，降低基层强度。对于水泥含量多的部位，易出现强度过高，裂缝严重；而水泥含量少的部位则会松散离析，强度大大降低，在雨水和车辆作用下易形成局部冲刷现象。

③ 混合料配合比。混合料配合比也是实际施工中需要重点控制的环节，如果控制不严，就会导致整个摊铺工作的失败。为确保混合料配合比的准确性和均匀性，应在拌合前对设备进行调试，合理控制细料仓、中料仓、粗料仓和水泥料仓的输料机转速，仓门保持正常全开，达到按配合比要求匹配、均衡进料拌合。施工中要尽量做到以下几点：

a. 在拌合机料斗口安装网盖控制混合料粒径。

b. 拌合机料斗、水箱、罐仓装配高精度电子动态计量仪，控制混合料配比。

c. 施工前调试拌合机，以 1min 为准，拌合机分别流出各种规格材料的试样，然后称重试样的质量，计算出各试样所占混合料的比例，使试样的比例与设计相符。

d. 拌合机出料时，试验人员应立即取样，做水泥剂量试验，水泥剂量若不相符，应调整水泥输料器转数，直到相符。

e. 在测完水泥剂量和含水量之后，从拌合机中取样，用水洗法做级配试验，使混合料级配符合要求。

（3）具体拌合流程

拌合前，根据拌合机的容量及搅拌功能，准确称量出砂、碎石、水泥等材料的质量，分别用量具盛装，避免拌合机喂料时出差错，同时可以节省时间，加快工程进度。选用干净、质地坚硬的砂石材料，并且符合设计及规范要求的强度等级和级配；选用合格无结硬的水泥，不用脏水、污水。为了保证工程质量，不合格材料坚决不用，必须清除。

根据试验配制的配合比指导施工，严格控制水泥用量和混合料的含水量。受拌合场到施工现场的运距、气候、砂石材料的干与湿等外界因素的影响，含水量都要作相应的调整。做到配料准确、拌合均匀、含水量合理。在天气炎热干燥的情况下，含水量可略大于最佳含水量，运到施工工地后，混合料中的水分有所损失，处于或接近最佳含水量状态，碾压成型，达到预期效果。

2. 混合料的运输

运输过程中要注意含水量的损失和产生的混合料离析，造成摊铺碾压后基层局部平整度差，进而影响面层的平整度。运输混合料的车辆宜采用大吨位（15t 以上）的自卸运输车，汽车的数量应根据混合料生产能力、运距远近、摊铺作业安排等因素合理配置，以满足施工需求，并略有富余。车辆接料时，应进行前后移动，分多次放（接）料，避免混合料发生离析。在卸料和运输过程中要尽量避免中途停车和颠簸，保证及时运至施工现场，确保混合料的延迟时间，使其达到能连续作业的要求。

此外，还要根据运输距离和天气情况，考虑混合料是否加防护罩或覆盖物，以防水分过分损失及表层散失过大。根据水泥初凝时间设置运输时间限制，超时的作为废料处理，一般运输时间应控制在 30min 内，以保证混合料在拌合完成后 2h 之内压实完成。长距离运输，应保证混合料在碾压时有较适宜的含水量。

3. 混合料的摊铺

摊铺是基层施工的重要环节，是碾压等后续工序的基础。

（1）摊铺准备工作

摊铺前要扫除下承层上的松软部分及杂物，适当洒水湿润，并始终保持下承层表面处于湿润状态。还应检查摊铺机各部件运转情况，保证摊铺时一切正常。

每日生产前，摊铺现场应提前做好测量、下层的清扫和湿润，准备工作完毕后，后场才能开机拌合。摊铺工作开始前，通过试拌试铺来验证水泥稳定碎石的配合比和最大干密度，确定最优的施工方案和摊铺系数、含水量等参数的控制方法，确定合理的作业长度、摊铺速度，合适的压实组合和方法等。松铺高程应采用 10m 一桩挂线（将直径为 2~3mm 的小钢丝绳挂在钢筋桩上并用紧线器拉紧）控制，如果高程误差超过 5mm，应立即进行调整，确保底基层的松铺高程在规定的范围内。

（2）摊铺设备和方法

基层宜采用大型混合料摊铺机进行摊铺，其强有力的熨平装置可以得到较高的预压密实度，从而有利于保证路面平整度。当摊铺宽度和拱度符合路面设计，且横坡相同时，应尽量采用整幅一次摊铺的方法；如果路面角宽或横坡有变化时则需采取分幅摊铺，一般以路面纵向中心线为中缝决定摊铺作业宽度，采用两台摊铺机前后布置成梯队形式，两台摊铺机作业时间间隔不宜过长。

基层施工应尽可能采用全幅全厚的摊铺方法，但当基层设计厚度超过30cm时，由于受摊铺机预压能力和压实设备的压实能力所限，应按一定的顺序采用分层摊铺，这时上下层摊铺间隔是一项非常重要的控制因素。原则是摊铺上层时，下层应保持表面潮湿、干净，以利于结合。

（3）摊铺过程

尽量采用两台摊铺机平行作业，减小混合料的离析现象。尽量避免摊铺机作业中途停顿，随意变换速度，以免造成基层表面摊铺不平整。混合料摊铺后，应尽快完成碾压，缩短从加水拌合到完成碾压的时间。因为如不及时碾压，水泥就会产生部分凝结作用，再碾压时，就会破坏已形成的水泥胶结作用，就需要消耗压实功，影响压实度，混合料的强度和性能也会下降。混合料压实后，密实程度越大，混合料的抗弯拉强度、抗压强度也越大，抵抗裂缝的能力也越强。因此在施工过程中应严格控制压实标准。

1）混合料从出拌合站到运送至摊铺地点，应尽量将时间缩至最短，及时按规定的松铺厚度均匀、匀速摊铺。车辆给摊铺机喂料前应认真检查出料单，确认出料时间在"有效"时间之内，否则应废弃，不准摊铺。在摊铺过程中，要严格控制松铺厚度，设计宽度，适当调节摊铺速度，尽量做到拌合楼产量与摊铺机摊铺协调并进。摊铺机宜连续摊铺，在摊铺过程中施工不宜间断，禁止摊铺机停机待料，以避免基层出现"波浪"和减少横纵向接缝，施工如因故中断2h，应设置横向接缝。

2）设专人跟在摊铺机后，对每车料的开始和终了时间以及桩号做记录，并随时记录摊铺机作业时间，检查摊铺的均匀性和平整度,对局部出现的"蜂窝"现象要做及时处理。如将粗集料窝铲除,并用新拌混合料进行填补,此项工作必须在碾压之前进行,严禁薄层贴补。摊铺结束后,将摊铺机退出现场,并随时处理好碾压完后的横向接缝。如果铺设时间不长,则可采用人工将其做成纵向垂直,水平成直线的接缝。

3)摊铺过程中,要随时用水准仪对松铺层高程、压实后高程进行跟踪测量检验,对明显厚度不足或偏高的及时进行处理,确保基层的高程、厚度、平整度符合设计要求。

4. 混合料的碾压

混合料碾压是使混合料充分密实、形成基层构造,确保基层获得足够密度和强度的重要施工工序,通过施加动压力使混合料逐步密实。振动波自上而下传给混合料,铺层越厚,下部获得的振动能量就越少,要使混合料密实,则所需的振碾时间和遍数就要增加,但应避免表面集料破碎或出现"波浪"。

混合料经过摊铺压实后才能具有设计路用性能,碾压过程中,压实机械要选择恰当,搭配合理。混合料摊铺后,当混合料的含水量等于或略大于最佳含水量时,应及时根据试验路段确定的碾压工艺,用轻型压路机并配合 12t 以上压路机在结构层所有宽度范围内进行碾压。

(1)选择合理的碾压机械及组合

为了保证基层的强度和表面特性,一般使用振动压路机、轮胎压路机或组合压路机进行施工,遵循先轻后重的原则。碾压采用初压、复压、终压的顺序。初压一般采用钢轮压路机静压 1~2 遍,复压采用振动压路机由弱到强振 2~4 遍,终压采用钢轮压路机或胶轮压路机静压 1~2 遍。

初压和终压可用同一种振动压路机,初压时采用静压封面,复压采用轮胎压路机,使混合料表面更加致密,在终压阶段,为了消除摊铺或复压时出现的拉裂纹和施工轮迹,可采用大钢轮振动压路机。直线和不设超高的平曲线段，由两侧路肩向路中心碾压，设超高的平曲线段，由内侧路肩向外侧路肩碾压。碾压时，均宜与路中心线平行，轮迹应重叠1/2轮宽，后轮必须超过两段的接缝处，后轮压完路面全宽时，即为一遍。

（2）碾压控制

1）延迟时间控制

从加水拌合到碾压终了的延迟时间对水泥稳定碎石混合料的强度和所能达到的干密度有明显影响，延迟时间愈长，混合料强度和干密度的损失愈大。确定合适的延迟时间是保证高效优质工程的关键。

对于水泥稳定类材料，延迟时间越长，压实度越低，强度损失越大。过长的延迟压实和过度的碾压，都将对半刚性基层产生破坏作用。随着时间的延长，水泥的水化反应及物理化学反应不断进行，到达一定时间后，水泥的胶结作用使半刚性材料强度初步形成，此时再进行过度碾压，将使半刚性路面基层表面产生薄层剪切面，形成强度软弱层，在雨水和车辆反复作用下易产生冲刷唧浆现象。因此，半刚性路面基层施工时，从拌合到碾压终了，一般应控制在2h内完成，碾压过程应控制在1h内完成，不得延误，以防结构层的板体性破坏。

2）碾压速度和厚度控制

速度过快，平整度差；碾压层厚，难以压实。

① 静压阶段控制在1.5~1.7km/h为宜，振压阶段控制在2.0~2.5km/h，终压阶段控制在2.5km/h左右。

② 如采用18~20t重型振动压路机时，每层压实厚度不超过20cm；若采用12~15t的三钢轮压路机时，每层压实厚度不超过15cm。

③ 起动和制动时，应做到慢速起动、慢速刹车。严禁压路机在已完成的或正在碾压的路段上调头或急刹车，保证基层表面

不受破坏。

3）碾压长度控制

混合料摊铺之后，随着水分的蒸发，混合料稠度越来越大，可碾性越来越差，如施工不及时，就会造成压实度不足，影响硬化混合料的强度；另一方面，从加水拌合开始至成形的时间间隔越长，硬化混合料的强度损失就越大，为保证路面强度，应缩短施工段长度，使摊铺后的路面尽早得到压实。

如果施工段过短，必然会造成压路机频繁换向，增加路面压实接头，从而影响压实的均匀性和路面的平整度，因此施工工作段应为强度损失所能允许的最大长度。碾压长度应根据试验段确定的长度及气温情况确定，当气温高时，水分蒸发快，应缩短碾压段长度。反之，可适当延长碾压段长度，以 40～50m 为宜。

4）碾压遍数控制

并非碾压遍数越多压实度就越高，碾压遍数过多，会使表面内部分碎石被碾碎，对整体强度不利。要根据机具类型、混合料摊铺厚度合理地确定碾压遍数，以确保既达到压实度要求，又不超压。

5）压实度控制

当实际含水量比较接近最佳含水量时，压实度才有保证，当大于最佳含水量时，碾压时容易出现"弹簧"现象；当小于最佳含水量时，压实度不易达到要求。所以在施工中气温也是很重要的影响因素，特别是干旱少雨的地区，要及时控制到场混合料的含水量。

基层的碾压要保证碾压过的基层质量合格，否则，水泥初凝以后，绝对不允许压路机进行复压，这样会影响混合料的板结成型。为保证基层的压实度，试验人员在碾压结束后，对形成的路面基层的厚度、宽度、压实度、含水量、平整度及集料的级配等及时进行检测，发现压实度不符合规定，应立即进行补压，直到压实度符合规定为止。

碾压过程中，应保持混合料表面始终湿润。如水分蒸发过快，应及时补洒少量的水，但严禁洒大水碾压；如发现有弹簧、松散、起皮等现象，应及时翻开重新拌合碾压，使其满足质量要求。

施工中应尽量减少横缝、调头，避免纵缝，如需设置时，应按施工规范要求处理，相邻两段的碾压接头处，应错成横向45°的阶梯形状碾压，以防壅包等不良现象，对于靠近纵缝部分，必须碾压到边缘。

五、接缝及养生

1. 横向接缝

（1）横向施工接缝，分为干接缝和湿接缝。

湿接缝即新老料的接茬处，是两个段落中间的施工缝，在施工时前端留下30～50cm暂不压，与新铺料一起施工以保证接缝处的压实度、平整度，一个施工段铺好后，下一个施工段应在1.5h内接着铺；干接缝一般使用导木法，接缝应干净、密实、垂直于道路中线，铺新施工混合料前要洒水湿润。如利用干接缝做胀缝，在摊铺新料前应按要求放入胀缝板，按做胀缝的方法施工。

（2）设置横向接缝时，摊铺机应驶离混合料末端。人工将末端含水量、高程、厚度、平整度不合适的混合料予以清除。在重新开始摊铺混合料之前，应将混合料端面已松散的混合料清除并洒水润湿，下承层顶面清扫干净。摊铺机返回到已压实层的末端，重新开始摊铺混合料。

2. 纵向接缝

当摊铺机宽度足够时，整幅摊铺时不存在纵向接缝问题。当摊铺机宽度不足时，采用两台摊铺机一前一后相隔 5～15m 同步向前摊铺混合料，并一起进行碾压，这样也可以避免纵向接缝。当无法避免纵向裂缝时，处理方法同横向裂缝。

需注意的是，新铺混合料施工时，不允许振动压路机碾压到刚碾压完的混合料上，因为混合料在初期凝结硬化过程中要防止振动。每天停工时机械设备亦不准停在铺好的基层上，以免影响基层的强度。

3. 接缝处理

（1）采用摊铺机摊铺混合料时，不宜中断，如因故中断时间超过 2h，应设置横向接缝，此时摊铺机应驶离混合料末端。

（2）人工将末端含水量合适的混合料整平，紧靠混合料放两根高度与混合料压实厚度相同的方木并整平紧靠方木的混合料。方木另一侧用砂砾或碎石回填约 3m，其高度应高出方木几厘米，同时将混合料碾压密实。

（3）重新摊铺混合料之前，将砂砾或碎石和方木除去，并将下承层顶面清扫干净。摊铺机返回到已压实层的末端重新摊铺混合料。

（4）如摊铺中断，未按上述方法处理横向接缝而中断时间已超过 2h，则应将摊铺机附近及其下面未经压实的混合料铲除，并将已碾压密实且高程和平整度符合要求的末端挖成与路中心线垂直并垂直向下的断面，然后再摊铺新的混合料。

4. 养生

对于水泥碎石这类半刚性基层材料来说，良好的拌合、摊铺和压实只是保证工程质量的一部分，接下来的养生工作对强度的形成和减少干缩裂缝的数量以及严重程度同样重要。刚完工的水泥碎石基层强度很低，在表面没有覆盖物的情况下，严禁用洒水车上的水龙头直接将水喷洒在完工基层表面，这种用大水冲的养生方法，会造成很多不良后果。

（1）养生方法

养生的方法有多种，可根据不同具体情况选用。半刚性基层通常采用下述养生方法：

1）覆盖养生。在覆盖前，先对合格的基层洒水养生，然后铺设覆盖物（湿砂、塑料薄膜、潮湿的草袋或土工布等）。若用砂层覆盖，砂层需要 7~10cm 厚，砂铺均匀后，在其上洒水，使基层常保持湿润；若用潮湿的草袋覆盖，不需要经常洒水；用塑料薄膜养生，需补充洒水；采用土工布覆盖养生，在覆盖物上洒雾状水或低压浇水，并加强边角接缝处的养护。

覆盖养生对缺水、干旱少雨、日照时间长的地区有很大的推广潜力，它经济、实惠、成本低且保湿度好，覆盖养生不应少于7d，在这期间要封闭交通，严禁车辆通行。养生结束后，应立即清除覆盖物和浮土等杂物。

2）沥青封层。对于基层，为了减少洒水的工作量，可于摊铺后第二天在基层洒水湿润后喷洒沥青乳液进行封面。一般分两次喷洒，为了便于以后利用这层沥青膜，必须在其上撒一层5~10mm 的小碎石或小砾石，该沥青层既能保持基层湿润，又有利于后续工序进行，是一种较好的养护方法。

3）洒水养生。洒水养生不宜太早，防止养护用水冲走水泥浆，影响基层的质量。需要根据气候条件确定开始洒水养生的时间。如气温过高、蒸发量过大时，宜采用小水量快行的洒水办法，尽量避免养护用水在基层表面流淌。养生期间应始终保持基层表面潮湿。同时，除洒水车外禁止其他车辆在养生的基层上通行。养生期不宜少于 7d。对于大面积的机械化施工作业，通常也采用洒水车洒水养生，每天洒水的次数应视气候条件而定，原则是在整个养生期间应始终保持基层表面潮湿。

（2）养生时间

每一段路碾压完成并经压实度检查合格后，需及时进行养生，半刚性材料碾压完成后，经一定的时间就需要养生，此时间的长短视气候条件而定，不能延误。保湿养生时间越长，半刚性材料出现干缩的几率越小，干缩的程度也越轻。

采用洒水养生时，通常可控制在水泥达到终凝、混合料具有一定强度时即开始。规范规定，基层的养生期不宜少于7d，但应根据气候不同来掌握和调整，夏季高温时，混合料失水和强度增长均较快，7d可以满足要求，而在春秋季节气温较低，强度增长缓慢，养生期需要适当延长，建议为10d左右。

（3）交通控制

在养生期间实行交通管制，设置明显标志牌、障碍物封闭交通。在未采取覆盖措施的基层上，除洒水车外，不准任何车辆通行。在采取覆盖措施的基层上，不能封闭交通时，应限制车速不得超过30km/h，禁止重车通行，以免基层遭受破坏。

水泥稳定碎石基层养生期结束后，应立即喷洒透层或粘层沥青，或者铺设下封层，以防止基层干缩开裂，保护基层免遭施工车辆破坏，确保基层的质量成果。铺设下封层后，宜在10～30d内开始铺筑沥青混凝土面层的底面层，避免由于基层产生大量的裂缝而导致沥青面层产生反射裂缝或对应裂缝，从而保证路面工程的总体质量。

六、质量管理及控制

质量管理及控制一般要求如下：

（1）水泥剂量的测定用料应在拌合机拌合后取样，并立即（一般规定小于10min）送到工地实验室进行滴定试验。水泥用量除用滴定法检测水泥剂量外，还必须进行总量控制检测。即要求记录每天的实际水泥用量、集料用量和实际工程量，计算对比水泥剂量的一致性。

（2）严格控制施工时限。施工中要严密组织，科学控制拌合—运输—摊铺—碾压等各道工序，使其持续时间在允许延迟时间之内。碾压长度需根据施工现场的实际情况确定。施工段过短，则不利于机械的大面积作业，也是不经济的；施工段过长，则在较短的时间内完成很困难，工程质量难以保证。如果实测混合料的含水量高于最佳含水量，且气温较低时，可适当延长碾压长度；如果混合料已接近最佳含水量，且温度较高，蒸发快时，应缩短碾压长度，确保在最佳含水量时进行碾压。每一施工段从开始拌合到碾压完成所占用的时间应控制在水泥的终凝时间之内。

（3）严格控制含水量。含水量的调整一定要安排在拌合之前，避免在拌合后的混合料中补水，这样可以缩短施工时间。另外拌合后在混合料中补水也是造成完成后的水泥稳定碎石顶面有一层剪切面的一个重要原因，因为表层水分大，压路机碾压时的推移使表层和下部不能形成一个整体。当然压实成型后不能及时得到养护，造成表面快速失水，不能与下部形成一个整体也是顶面剪切面形成的一个原因。剪切面在施工面层前一定要清除，否则将是路面质量的一个隐患。

（4）减少裂纹裂缝。水泥稳定碎石由于强度高、刚度大，则产生收缩裂缝的可能性更大。基层裂缝由于会对沥青面层造成反射裂缝或对应裂缝，从而导致面层水下渗，积聚在基层与面层之间，在车轮荷载作用下形成动压，基层中的细料在动水的不断冲刷下，产生"唧泥"现象，导致面层出现坑洞破坏。因此，应在施工中尽量减少裂缝的产生：

1）尽量减少粉料含量，粉料（小于 0.075mm）的含量越多，水泥碎石的收缩愈大；

2）碾压含水量不宜超过最佳含水量的 1%，因含水量越大，则水泥稳定碎石蒸发散失的水分愈多，形成的裂缝愈大；

3）水泥剂量应在 5% ~6% 之间，超过 6% 时，干缩系数会增大；

4）良好的集料级配有助于减少水泥用量，从而降低干缩系数；

5）基层施工完毕后，最好在一星期后即进行下封层或喷洒透层油，随后尽早铺筑沥青面层，保证基层不继续失水，引起干缩裂缝。

第二节　水泥稳定砂砾基层

公路基层（或底基层）可分为无机结合料稳定类和粒料稳定类。无机结合料稳定类又称为半刚性型或整体型，主要有水泥稳定类、石灰稳定类和综合稳定类。水泥稳定砂砾是最常见的一种半刚性路面结构，它具有整体性好、强度高、刚度大、稳定性强等许多优点，因此被作为公路基层（底基层）广泛应用于各等级公路路面结构。

水泥稳定砂砾可适用于各级公路的基层和底基层，由于其施工所需机械设备多、造价高，主要用做二级和二级以上公路高级路面的基层。水泥稳定砂砾基层是直接位于沥青混凝土面层下，用水泥稳定的砂砾或砂砾土、碎石土、级配砂砾、级配碎石等高质量材料铺筑的承重层（也称半刚性基层）。基层可以是一层或两层。水泥稳定砂砾基层宜在春末和气温较高的季节组织施工，施工期的日最低气温应在 5℃ 以上，在有冰冻的地区，应在第一次结冻到来之前 20 ~30d 完成。

一、原材料

水泥稳定砂砾基层的原材料包括水泥、砂砾和水三种。

1. 水泥

水泥作为唯一的稳定剂，其质量至关重要。

普通硅酸盐水泥和矿碴硅酸盐水泥都可用于水泥稳定砂砾。施工中一般应选择终凝时间较长（宜在 6h 以上）、标号较低的水泥。为使稳定土有足够的时间进行拌合、运输、摊铺、碾压及保证其具有足够的强度，施工中不能使用快硬水泥、早强水泥以及受潮变质的水泥。贮存过久的水泥应重新检验其实际强度。水泥根据其生产工艺可分为立窑水泥和旋窑水泥，由于立窑水泥的安定性差，因此，为确保施工质量，通常采用旋窑水泥。

2. 砂砾

水泥稳定砂砾基层对砂砾要求较高，所用砂砾的主要检测指标有：最大粒径、颗粒级配、液限、塑性指数、压碎值和硫酸盐含量等。水泥稳定砂砾基层选择的砂砾含泥量指标应不大于7%，同时应按标准进行筛分，保证级配合理，对粒径大于60mm 的都予以筛除。

规范规定，对于高等级公路（高速公路或一级公路），水泥稳定土用作底基层时所用集料单个颗粒的最大粒径不应超过37.5mm；用作基层时，单个颗粒的最大粒径不应超过 31.5mm，其颗粒组成应符合表 1-1 所列级配范围。

高等级公路水泥稳定砂砾基层级配范围 表 1-1

筛孔尺寸（mm）	31.5	26.5	19	9.5	4.75	2.36	0.6	0.075
通过质量百分率（%）	100	90~100	72~89	47~67	29~49	17~35	8~22	0~7

高等级公路水泥稳定砂砾基层所用砂砾的液限应小于28%，塑性指数应小于9%，压碎值不大于30%，硫酸盐含量应小于0.25%。

3. 水

规范规定，凡人或牲畜可饮用的天然洁净的水均可用于水泥稳定土施工。基层料拌合用水应为饮用水及不含有害物质的洁净井水、河水、湖水等，严禁使用沼泽水、工业废水、含矿物质较多的硬水、含有脂肪、植物油、糖类及游离酸等杂质的水。因含杂质的水会对拌合物产生不利影响，所以必须对水质进行试验后确定水源。

二、施工准备

1. 下承层检测验收

在水泥稳定砂砾基层施工前，要对下承层（底基层或垫层）进行全面细致的检测，下承层质量的好坏将直接影响基层质量。下承层主要检测项目有：路基压实度、弯沉值、平整度、中桩桩位、中桩高程、横断面高程、路拱和宽度等。为了保证路面基层的质量要求，对不符合弯沉和压实度要求的路段应进行处理，洒水碾压，直至达到设计要求。

2. 下承层准备

（1）清除松散表面和杂物，并适当洒水润湿。

（2）测量放样：包括恢复中桩，布设两侧指示桩和设置钢丝基准线等。

（3）培设土模路肩，土模宽度应比设计宽度宽 10～20m，土模高度应与水稳层松铺高度相同，土模必须拉线垂直切除，其密实度应达到 80% 左右。为使临时排水通畅，培设路肩后应每隔一定距离交错预留泄水沟。

三、混合料组成设计

1. 配合比设计

首先要根据施工图设计和相关规范要求进行混合料配合比室内设计，然后再进行施工配合比调试，最终确定混合料施工配合比。

（1）配合比室内设计

配合比室内设计的目的是在试验室内优选确定混合料的设计配合比，它包括对拟选用的原材料进行试验检测、制备混合料、确定混合料的最佳含水量和最大干密度、试件的制备与养生、以及试件的无侧限抗压强度试验等；最终根据设计及规范要求的强度标准，选定出合适的水泥剂量和混合料配合比。

（2）施工配合比调试

水泥稳定砂砾混合料的配合比设计选定后，应根据混合料中各种材料的比例，将拌合机上料斗、出料斗及传动皮带调试好，使在同一时间输出的每种材料刚好等于配合比要求数量或者是数量偏差在规定误差范围内。另外，每次开盘拌合时，还应测定砂砾的含水量，以便调整拌合时的加水量，使拌合时混合料的含水量正好满足要求。

2. 水泥用量

（1）水泥用量以水泥质量占全部粗细土颗粒（即砾石、砂粒、粉粒和黏粒）的干质量的百分率表示，即水泥用量＝水泥质量/干土质量。

（2）水泥的最小剂量应符合表 1-2 的规定。

水泥稳定料中的水泥用量应根据试验室现场试配和 7d 无侧限抗压强度及水泥稳定砂砾基层试验段铺筑的结果而决定。水泥用量一般控制在 3.0% ~5.5% 之间，不宜超过 5.5%，水泥用量增加到5.5%以上时，水稳层强度仍然达不到设计要求时（二级和二级以下公路，水泥稳定土基层的抗压强度标准为2.5～3.0MPa），表明集料级配达不到规范要求或施工不规范，应在级配料和施工方法上做调整。

水泥剂量要求　　　　　　表1-2

土类＼拌合方法	路拌法	集中厂拌法
中粒土和粗粒土	4%	3%
细粒土	5%	4%

3. 最佳含水量和最佳干密度

混合料的含水量直接影响水稳层的强度，在施工中，混合料的含水量应略大于试验室确定的最佳含水量的1%～2%（根据工地的气温而定）。混合料含水量过小或过大都会影响压实度和基层强度。

最大干密度是施工现场检测密实度的唯一控制标准。最大干密度往往因操作因素有一定的差异，这种差异会影响水稳层的强度和压实度检测值。在试验室做最大干密度试验时，宜用同一种料，按不同水泥剂量做5组试样，每组试样均应做平行试验来确定最大干密度，减小试验差异，保障工程质量。

四、基层施工

1. 混合料的拌合

（1）对于二级以下的公路，水泥稳定砂砾土基层可以采用路拌法施工。但对于二级公路，应采用专用的稳定土拌合机或使用集中拌合法制备混合料。在条件允许时，推荐使用中心站集中厂拌法施工。拌合机与摊铺机的生产能力应互相匹配，拌合机的产量宜大于 400t/h。如果拌合机的生产能力较小，在用摊铺机摊铺混合料时，应采用低速度摊铺，以减少摊铺机待料时间。

（2）拌合好的成品料运至工地应及时按松铺厚度均匀摊铺。为确保摊铺机行走方面的准确性，可在底基上洒白灰线以控制摊铺机行走方面，摊铺机要保持适当的速度匀速行驶不宜间断，以避免基层出现"波浪"和减少施工缝。

（3）严格控制水泥剂量。水泥剂量太小，不能保证水泥稳定砂砾基层的施工质量；剂量太大，既不经济，又会加剧基层干缩裂缝的生成，同时还会引起沥青混凝土面层产生相应的反射裂缝。考虑到施工过程中水泥损耗较大，为减少水泥稳定砂砾基层的干缩裂缝，保证水泥稳定砂砾基层的质量，水泥剂量控制在 6% 以下，比组成设计的确定值高 0.5%。

（4）严格控制含水量。水泥稳定砂砾混合料的含水量过大，碾压过程中会出现"弹簧"和"波浪"现象，影响混合料达到密实度和强度，从而加剧结构层产生干缩裂缝，使其难以稳定成型；含水量过小，混合料易松散，不易碾压成型，同样也会影响混合料应达到的密实度和强度。基层施工时，根据现场气温，考虑混合料拌合、运输、摊铺过程中的水分散失量，适当增加并严格控制混合料含水量。根据施工经验，水泥稳定砂砾混合料的含水量比最佳含水量高出 1% 左右为好。

2. 混合料的运输

混合料宜采用大吨位（15t 以上为宜）的自卸汽车运输；装料时，运输车辆要有规律地移动，防止装车时产生离析；在运输过程中尽量避免中途停车和颠簸，以确保混合料的延迟时间和不产生离析。在拌合站离摊铺现场距离较远，气温较高时，混合料在运输途中，应加盖苫布以防止水分蒸发；运输车辆倒车进行摊铺喂料时，应听从现场人员指挥，严禁撞击摊铺机或洒在喂料斗外，影响摊铺质量。拌合时含水量应超过最佳含水量的2%左右。

3．混合料的摊铺

（1）应选择性能良好的摊铺机，有条件时应优先考虑全幅摊铺机，没有全幅摊铺机时，可采用两台摊铺机梯进摊铺。目的是避免或减少纵缝施工。

（2）正式摊铺前，先进行试验段施工，并根据试验段得出松铺系数；再根据松铺系数，调整好摊铺机，控制好松铺厚度。

（3）按测量放样好的高度，进行摊铺施工。在摊铺时要尽量保持匀速摊铺，并根据拌合能力确定摊铺速度，同时设专人指挥喂料，以控制喂料速度，使摊铺的混合料不要间断并保证不撞击摊铺机。后面应有专人消除粗细集料离析现象，特别应该铲除局部粗集料集中现象，并用新混合料填补。

（4）摊铺过程因故中断或每天工作结束时必须设置横缝，横缝应按照横缝施工技术要求作业，保证横缝接茬处的平整度和密实度。

（5）在不可避免的情况下必须设置纵缝时，必须严格按照纵缝施工技术要求作业。

（6）摊铺后立即用平地机初平和整形，在直线段，平地机由两侧向路中心进行刮平；在曲线段，平地机由内侧向外侧进行刮平，需要时再返回刮一遍。

4．混合料的碾压

（1）混合料经摊铺和整形后，应立即在全宽范围内进行碾压，直线段两侧向中间碾压，超高段由内侧向外侧碾压，每次应重叠1/2轮宽，碾压遍数通过试验段确定，以达到规定的压实度。压实后表面应平整无轮迹或隆起，路拱符合要求。

（2）水泥稳定砂砾基层应用12t以上的压路机碾压。用12～

15t 三轮压路机碾压时，每层的压实厚度不应超过 15cm；用18～20t 三轮压路机和振动压路机碾压时，每层的压实厚度不应超过20cm。在摊铺碾压施工过程中，要有专人对铺筑的厚度、路拱度、横坡度、压实度进行检测，如有一项指标不合格立刻进行补救。

（3）碾压过程中，混合料表面要始终保持潮湿，如表面蒸发过快，应及时补洒少量的水。严禁压路机在已完成或正在碾压的路段上调头和急刹车。施工中从拌合到碾压终了不得超过时间规定。压实完成后随即进行压实度检查，如达不到要求应立即补压，直至达到要求为止。对于二级和二级以下公路，水泥稳定砂砾基层碾压成型后，应达到按重型击实标准要求的压实度，不小于97％。成型水泥稳定集料初凝时间过后不得再进行补压。

5. 接缝及养生

（1）接缝

接缝有纵向接缝和横向接缝两种。当摊铺机的摊铺宽度不够时，采用两台摊铺机一前一后相隔 5～8m 同步向前摊铺混合料，并一起进行碾压，这样可以避免纵向接缝。用摊铺机摊铺混合料时，中间不宜中断，如因故中断时间超过 2h，应设置横向接缝。

横向接缝的处理方法是将摊铺机附近及其下面未经压实的混合料铲除，将已碾压密实且高程和平整度符合要求的末端挖成一横向（与路中心线垂直）垂直向下的断面，摊铺机返回到已压实的端部，用木垫板垫至摊铺高度，再摊铺新的混合料。

（2）养生

水泥稳定砂砾压实成型后，应及时洒水养生（严禁使用海水养生），养生期不得少于 7d，养生期间应使表面潮湿，防止水分蒸发，保证水泥充分硬化，保证水泥稳定砂砾基层达到预期强度。养生期结束后，要及早做下封层，在下封层完成前，还应经常进行洒水养护，始终使其表面保持润湿状态。

（3）交通管制

养生期间，除洒水车外，应禁止其他施工车辆通行，必须绝对禁止重型车辆行驶，避免基层表面松散和扰动，确保基层质量。

养生期结束后，在下封层完成前，也要做好交通管制工作，除施工车辆外，应禁止其他车辆通行。

（4）质量检测

水泥稳定砂砾基层养生期达到后，应进行压实度、弯沉值、强度和厚度检测。

五、质量管理及控制

要确保水泥稳定砂砾基层施工质量，必须在基层施工前、施工中和施工后三个阶段对其进行全过程质量控制。

（1）施工前的质量控制要点是：把好原材料的进场和使用关，对下承层进行严格检测验并做好相应准备，精心做好混合料配合比的设计与调试等。

（2）施工中的质量控制要点是：严格控制混合料中的水泥剂量、含水量和砂砾级配及拌合均匀度，不折不扣地执行水泥混合料配合比设计，加强混合料运输措施，确保混合料质量；精心组织混合料摊铺施工，确保摊铺质量；配置足够的碾压设备，保证碾压遍数，确保碾压质量。

（3）施工后的质量控制要点是：及时洒水养生，保证养生质量和天数；切实做好交通管制工作，确保基层不遭破坏。及时进行基层压实度检测，弯沉值测试和钻芯取样，检验基层施工质量实际控制效果。

第三节 二灰稳定类基层

二灰稳定类基层，即石灰粉煤灰稳定土、砂砾或碎石基层，属于半刚性基层，具有明显的水硬性、板体性，可以达到较高的强度。与石灰稳定类或水泥稳定类材料相比具有较好的抗裂性且有更充分的碾压延迟时间，便于路面基层材料达到预期的压实度。由于二灰稳定类基层所用材料具有成本低、来源广泛、可以就地取材、施工方便等优点，被广泛应用于高等级公路的路面基层或底基层。

一、原材料

1. 石灰

二灰碎石中所用石灰质量应符合表1-3规定的Ⅲ级消石灰或Ⅲ级生石灰的技术指标，应尽量缩短石灰的存放时间，如存放时间较长，应采取封存措施，妥善保管。有效钙含量在20%以上的等外石灰，当通过试验得到其混合料的强度符合表1-4的要求时可以应用。

石灰的技术指标 表1-3

类别 指标 项目	钙质生石灰			钙质消石灰			镁质生石灰			镁质消石灰		
	等 级											
	Ⅰ	Ⅱ	Ⅲ	Ⅰ	Ⅱ	Ⅲ	Ⅰ	Ⅱ	Ⅲ	Ⅰ	Ⅱ	Ⅲ
有效钙加氧化镁含量（%）	≥85	≥80	≥70	≥80	≥75	≥65	≥65	≥60	≥55	≥60	≥55	≥50
未消化残渣含量（5mm圆孔筛的筛余,%）	≤7	≤11	≤17	≤10	≤14	≤20						

续表

类别 指标 项目	钙质生石灰			钙质消石灰			镁质生石灰			镁质消石灰		
	等 级											
	Ⅰ	Ⅱ	Ⅲ	Ⅰ	Ⅱ	Ⅲ	Ⅰ	Ⅱ	Ⅲ	Ⅰ	Ⅱ	Ⅲ
含水量（%）							≤4	≤4	≤4	≤4	≤4	≤4
细度 0.71mm 方孔筛的筛余（%）							0	≤1	≤1	0	≤1	≤1
细度 0.125mm 方孔筛的累计筛余（%）							≤13	≤20	—	≤13	≤20	
钙镁石灰的分类界限，氧化镁含量（%）	≤5			>5			≤4			>4		

注：硅、铝、镁氧化物含量之和大于 5% 的生石灰，有效钙加氧化镁含量指标，Ⅰ等≥75%，Ⅱ等≥70%，Ⅲ等≥60%；未消化残渣含量指标与镁质生石灰指标相同。

二灰混合料的抗压强度标准 表 1-4

公路等级层位	二级和二级以下公路	高速公路和一级公路
基层（MPa）	0.6~0.8	0.8~1.1
底基层（MPa）	≥0.5	≥0.6

2. 粉煤灰

粉煤灰是热电厂排出的废渣，是一种具有潜在活性的材料，其活性对二灰级配集料基层强度有较大的影响。通过调研发现目前工地上大多采用湿排灰。

我国的《公路路面基层施工技术规范》（JTJ 034—2000）规定粉煤灰中氧化物的总含量要大于 70%；比表面积宜大于 $2500cm^2/g$（或 90% 通过 0.3mm 筛孔，70% 通过 0.075mm 筛孔）；烧失量不应超过 20%。

对于露天的粉煤灰堆，为了防止干灰在空气中飞扬，往往向干灰堆浇水。一般认为干粉煤灰和湿粉煤灰都可应用。但由于粉煤灰中含水量太大时，其活性会降低，因此我国的《公路路面基层施工技术规范》（JTJ 034—2000）和国外都规定湿粉煤灰的含水量不宜超过35%。

3. 集料

集料由于在混合料中占有较大的比例，因此其性质对混合料的性能影响很大。评定集料性质的技术指标主要有强度、压碎值、针叶片状颗粒含量、级配、最大粒径、含泥量、有害杂质含量等。

对于二级及二级以下公路集料应符合下列要求：石料颗粒的最大粒径不应超过37.5mm，碎石的质量宜占80%以上，并符合规范规定的级配范围；用于高速公路和一级公路应符合下列要求：二灰的质量应占15%，最多不超过20%，石料颗粒的最大粒径不应超过31.5mm，其颗粒组成宜符合表1-5中2号级配的范围，粒径小于0.075mm的颗粒含量宜接近0。

规范中二灰级配碎石集料的颗粒组成范围　　　　　表1-5

筛孔尺寸（mm）	37.5	31.5	19.0	9.5	4.75	2.36	1.18	0.6	0.075
1号级配通过率（%）	100	90~100	72~90	48~68	30~50	18~38	10~27	6~20	0~7
2号级配通过率（%）		100	81~98	52~70	30~50	18~38	10~27	6~20	0~7

碎石的压碎值应符合下列要求：高速公路和一级公路不大于30%；二级和二级以下公路不大于35%。

4. 外掺剂

由于添加某些外掺剂可以提高粉煤灰的活性，且能够提高二灰碎石的早期强度，所以在研究中根据不同的情况采用添加适量的外掺剂。外掺剂根据改善粉煤灰的活性效果、价格高低、是否便于操作等因素加以选用。其掺配比例由室内强度试验确定。一般是在混合料拌合时加入 Na_2SO_4 或 Na_2CO_3，或外加水泥。掺入的最佳剂量（占二灰干质量的百分比），以 7d 龄期早强度考虑，Na_2CO_3 宜为 1.5%（水剂）或 2.0%（粉剂）；Na_2SO_4（粉剂）以 2.0%~2.5% 为宜；水泥以 1%~2% 为宜。

二、施工准备

1. 准备下承层

（1）石灰粉煤灰稳定碎石的下承层表面应平整、坚实，具有规定的路拱，没有任何松散的部位，下承层的平整度和压实度应符合有关技术规范的要求；

（2）对拟摊铺基层底基层或路基必须用 12~15t 的 3 轮压路机进行碾压检验（压 3~4 遍）。在碾压过程中，如发现其过干或表层松散，应适当洒水；如因过湿而发生弹簧现象，应采用挖开晾晒、换土、掺石灰或粒料等措施进行处理。

2. 施工放样

（1）按经验或做试验段确定松铺系数并确定出松铺厚度，清理下承层。两边均设土模，并设施工便道；

（2）施工前在底基层（下承层）表面恢复中线，直线每 20m 设一桩，并加设边桩进行水平测量，在两侧指示桩和中桩上明显标出该层二灰稳定碎石（砂砾）的设计标高并计算松铺厚度，进行水平测量，在两侧指示桩上用明显标记标出碎石基层的标高；

（3）应逐个断面检查下承层标高是否符合设计要求，下承层标高误差应符合规范的规定。

3. 备料

（1）石灰应贮存在简仓中，以防淋雨变质。粉煤灰通常是露天堆放，但需要洒水，改变其状态（通常含水量控制在15%～20%）以防飞扬，也可以在料堆表面适当覆盖以防止飞扬。采用符合规定的消解石灰或生石灰，石灰使用前应充分消解，过10mm筛并尽快使用，不得含有灰团和生石灰块；

（2）料堆中的部分粉煤灰可能凝结，使用前摊开晾晒，并将其粉碎，有条件时可用小型压路机碾压粉碎；

（3）雨期施工时粉煤灰和细集料应局部覆盖，避免雨淋过分潮湿，否则将严重影响材料的配合比和拌合机的生产能力；

（4）因石灰、粉煤灰为场地筛拌，应及时投入使用，如石灰衰减，混合料中石灰剂量达不到设计要求，应适当加大石灰剂量；

（5）原材料应分类堆放，严禁不同材料混堆。

4. 其他

施工前应备齐所有施工机械设备，并保障安全的施工环境和场地。

三、混合料组成设计

1. 配合比设计的原则及注意事项

（1）二灰稳定碎石配合比的设计方法是以强度符合为目标，通过对不同材料配比组合进行标准击实试验，7d饱水无侧限抗压强度试验，以确定最佳配合比。配合比设计应满足以下原则：

1）技术符合标准原则；

2）施工工艺简单易行原则；

3）经济效益最优原则。

（2）配合比设计注意事项

1）为了提高二灰稳定中、粗粒土抗裂性，应适当提高集料的比例。但集料的比例不可过高：一是过高的集料含量将使混合料成为骨架型，孔隙率增大，强度降低；二是混合料的后期强度主要来源于二灰的胶结力，如混合料中二灰含量不足，将导致混合料后期强度不足。

2）最大粒径的选择可根据施工方法确定。如用摊铺机摊铺，最大粒径可选择稍粗。推土机结合平地机摊铺或人工摊铺，最大粒径可选择稍细，以防产生离析。

3）所使用的外掺剂必须进行空白对比试验，以确定外掺剂的使用效果。

4）由于各地粉煤灰的品质不尽相同，因此使用外掺剂的剂量也会有差异。配合比设计时应考虑不同外掺剂剂量的配合比试验方案，并比较其技术性和经济性。对拟采用的外掺剂的工艺性应有足够的认识，以不增加施工难度为宜。

2. 原材料

用于二灰稳定碎石混合料的原材料主要有：粗集料、细集料、石灰、粉煤灰、化学添加剂等。

（1）粗集料应具有质地坚硬无杂质、其粒径尺寸应与名誉粒径相符，一般规格有 1~3cm、1~2cm、0.5~1cm 等。

（2）细集料的品种有砂、石屑等，由于砂的成本较高，因此一般多采用石屑。细集料应有良好的自然级配且不得含高塑性的黏土类材料。

（3）石灰的使用形态一般为磨细生石灰粉和消石灰粉，由于磨细生石灰粉工程造价高，所以采用消石灰粉者居多。消石灰粉应具有较高的 CaO 活性物质含量，并应保证石灰的安定性合格。

（4）粉煤灰以产品状态分也有两种，即干排粉煤灰和湿排粉煤灰。由于干排粉煤灰易飞扬，不易运输和使用，因此在实际生成过程中多使用湿排粉煤灰。粉煤灰中的 SiO_2、Al_2O_3、Fe_2O_3 总含量应大于70%，950℃烧失量不应大于20%。

3. 混合料配合比设计

（1）二灰碎石混合料的组成设计包括：根据混合料的强度标准，通过试验选取最适宜于稳定的集料，确定石灰与粉煤灰比例，确定石灰粉煤灰与集料的比例（指质量比），确定混合料的最佳含水量。采用石灰粉煤灰碎石做基层时，石灰与粉煤灰的比例常用 1：2 ~ 1：4，石灰粉煤灰与级配碎石的比应是 20：80 ~ 15：85。为提高二灰碎石的早期强度，可外加 1% ~ 2% 的水泥。

（2）混合料的设计步骤

1）制备不同比例的石灰粉煤灰混合料，确定其各自的最佳含水量和最大干密度，确定同一龄期和同一压实度试件的抗压强度，选用强度最大时的石灰粉煤灰比例。

2）根据上款所得的二灰比例，制备同一种集料的 4 ~ 5 种不同配合比的二灰级配集料。其配合比宜位于以上所规定的范围内。

3）确定二灰级配集料的最佳含水量和最大干密度（用重型击实试验法）。

4）按规定达到的压实度，分别计算出不同配合比时二灰级配集料试件应有的干密度。

5）最佳含水量和计算得到的干密度制备试件进行强度试验时，作为平行试验的试件数量应符合现行规范规定。如试验结果的偏差系数大于规范规定的值，则应重做试验，并找出原因，加以解决。如不能降低偏差系数，则应增加试件数量。

6）试件在规定温度下保湿养生 6d，浸水 24h 后，按《公路工程无机结合料稳定试验规程》（JTJ 057—94）进行无侧限抗压强度试验。

7）计算试验结果的平均值和偏差系数。

8）根据公路路面基层施工规范规定的强度标准，选定混合料的配合比。在此配合比下试件室内试验结果的平均抗压强度$\overline{R}$应符合公式（3-1）的要求：

$$\overline{R} \geqslant R_d / (1 - Z_\alpha C_v)$$

式中　R_d——设计抗压强度；

　　　C_v——试验结果的偏差系数；

　　　Z_α——标准正态分布表中随保证率（或置信度 α）而变的系数，高速公路和一级公路应取保证率95%，即 $Z_\alpha = 1.645$；其他公路应取保证率90%，即 $Z_\alpha = 1.282$。

9）根据上述的强度标准，选定混合料的配合比。

四、基层施工

1. 混合料的拌合

二灰稳定碎石（砂砾）基层施工采用中心站集中拌合法施工，拌合设备可采用稳定土厂拌设备，对于高速、一级公路建议采用大于400t/h带电子装置的强制式拌合机。拌合时，必须掌握下列各个要点：

（1）集中拌合时要点如下：石灰粉煤灰要粉碎；配料要准确；含水量要略大于最佳值，使混合料运到现场、摊铺后碾压时的含水量能接近最佳值；拌合要均匀。

（2）采用连续式的稳定土厂拌设备时，各种规格的集料也各自一个仓，应保证原集料的最大粒径和级配都符合要求，配料应准确，应先筛除集料中不符合要求的颗粒。

（3）石灰和粉煤灰可分场也可预先拌合放在一个场里，外加剂按比例加入二灰中，掺拌好的二灰至少要闷料24h才能使用。

（4）在正式拌制石灰粉煤灰稳定土混合料之前，必须先调试所用的厂拌设备至最佳状态，同时使混合料的颗粒组成和含水量都达到规定的要求。由于石灰粉煤灰稳定碎石在施工过程中水分散失较快，所以拌合时应特别注意控制含水量，应根据集料和混合料的大小，及时调整向拌合室中添加的水量。原料的颗粒组成发生变化时，应重新调试设备。

（5）按施工配合比进行拌合。拌合时，几个皮带轮附近及下料仓均设专人监管，发现异常立即停拌，查找原因并予以纠正；拌成的混合料堆放时间不宜超过24h，宜在当天将拌成的混合料运送到铺筑现场，不应将拌成的混合料长时间堆放。

（6）每天上、下午各取一次混合料试样做试验，检查混合料是否符合设计要求，每周分析一次检测结果，检查生产是否正常。

2．混合料的运输

厂拌的二灰碎石混合料宜采用高马槽、大吨位、车况较好和保水性好的自卸汽车来运输，以减小混合料在空气中暴露的面积。如果运输距离长或混合料在运输过程中可能变干，应该用适当的布将其覆盖，以防止水分损失或沿路扬尘。

（1）当采用摊铺机进行基层的面层施工时，厂拌设备、运输车辆及摊铺机的生产率应尽可能配套，保证施工连续性，运输车辆的数量应根据运距、拌合及摊铺速度来定。

（2）在装料前及卸料后均应清理车箱底，防止混合料凝结。装卸车时注意方法，以混合料不滑移、不滚落、不离析为原则。车辆行驶要平稳，不要急停、急转弯等，造成混合料散落现象发生。

（3）远于20公里的远距运输或炎热天气时应覆盖苫布，以防水分损失过多，出料及铺筑时的卸料高度应控制在1.5m，以防离析。

（4）在连续摊铺过程中，运料车在摊铺机前 0.1 ~ 0.3m 处停住，不得撞击摊铺机，卸料过程中运料车挂空挡，靠摊铺机推动前进。

3. 混合料的摊铺

石灰粉煤灰集料混合料运到工地后，应该尽可能摊铺均匀，并尽量减少手工操作。需做到以下几点：

（1）对于二级及二级以上公路宜采用沥青摊铺机、水泥混凝土摊铺机或专用稳定土摊铺机摊铺混合料，并应分两幅阶梯同步摊铺，尽量避免纵向横向接缝。对于低等级公路也可以采用带有自动找平装置的平地机摊铺或人工摊铺。

（2）在摊铺混合料前应先试铺一段，以准确确定松铺系数，摊铺机采取一侧钢丝绳引导摊铺二灰碎石（砂砾）的作业方式，不仅有利于铺筑层高程控制，而且有利于控制基层的厚度和平整度。

（3）摊铺机摊铺二灰碎石（砂砾）混合料宜慢而匀，少停顿，摊铺机的行车速度一般为 2 ~ 4m/min，摊铺机在摊铺过程中不得随意变换速度或中途停顿。这就要求拌合机与摊铺机的生产能力应互相协调，运输能力必须相应保障。如拌合机的生产能力较低，在用摊铺机摊铺混合料时，应采用最低速度摊铺，减少摊铺机停机待料的情况，以免影响路面基层甚至于面层的平整度。

（4）二灰稳定碎石（砂砾）基层一次摊铺宽度大于 8m 的路幅，宜采用两台摊铺机梯队式进行摊铺作业，采用的摊铺机型号和性能相同或相近，将有利于摊铺混合料的横向均匀性。

（5）在摊铺机后面应设专人消除粗细集料离析现象，特别是局部粗集料窝或粗集料带应该铲除，并用新混合料填补，或补充细混合料并拌合均匀。

（6）当设计厚度超过一层铺筑厚度时，应该分层摊铺。在分层摊铺的情况下，两层之间的间隔时间应尽可能缩短，在下层还没有结硬之前就铺筑上层。上下层最好在同一天铺筑，如不能实现同一天铺筑，应该采取措施保证两层之间的粘结。特别是在下层表面上不应有松散材料，在摊铺上层石灰粉煤灰集料混合料前，下层的表面应是潮湿的。

4. 混合料的碾压

压实是铺筑二灰稳定碎石（砂砾）混合料的关键，在现场达到高的相对密实度可使混合料具有良好的性能。钢轮压路机、轮胎压路机、振动压路机等都可被用来有效地压实二灰稳定碎石（砂砾）混合料。由于二灰稳定碎石（砂砾）混合料中主要粒料在压实时很少有黏性，甚至没有黏性，所以轮胎压路机和振动压路机是最适宜的压实工具。要达到合格的压实度应注意以下几点：

（1）整理好下承层后，根据路宽、压路机的轮宽和轮距的不同，制定碾压方案。当混合料的含水量大于最佳含水量的 $1\% \sim 2\%$ 时，应立即用轻型压路机并配合 12t 以上压路机在结构层全宽内进行碾压。

（2）碾压时，先用较轻的压路机进行初压，然后才能使用重型钢轮压路机，以便产生一个平整的表面。直线和不设超高的平曲线段，由两侧路肩向路中心碾压；设超高的平曲线段，由内侧路肩向外侧路肩进行碾压。碾压时，应重叠 1/2 轮宽，后轮必须超过两段的接缝处，后轮压完路面全宽时，即为一遍。一般需要碾压 $6 \sim 8$ 遍。压路机的碾压速度，头两遍以 $1.5 \sim 1.7 km/h$ 为宜，以后宜采用 $2.0 \sim 2.5 km/h$。

（3）采用人工摊铺和整平的稳定土层，宜先用拖拉机或 $6 \sim 8t$ 两轮压路机或轮胎压路机碾压 $1 \sim 2$ 遍，然后再用重型压路机碾压。应使各部分碾压到的次数尽量相同，路面的两侧应多压 $2 \sim 3$ 遍。

（4）二灰稳定碎石（砂砾）一层的压实厚度一般以 15cm 为宜，不超过 20cm。压实厚度再增加极有可能造成层底混合料的压实度不足。

（5）碾压过程中，二灰稳定碎石（砂砾）基层表面应始终保持湿润。应派专人随时观察混合料含水量的变化，如表面水分蒸发过快，应及时补充水分。

（6）二灰稳定碎石（砂砾）混合料在加水拌合后可以有较长的时间进行有效的压实。我国规范规定在拌合 24h 内完成碾压。二灰稳定碎石（砂砾）的施工，一般不宜在混合料摊铺的当日即行充分压实，当日铺筑的当日碾压成型，必要时（尤其是在夏季晴日）适量洒水过夜，隔日再行复压密实的施工工艺。

（7）严禁压路机在已完成的或正在碾压的路段上调头或急刹车，应保证稳定土层表面不受破坏。

5. 接缝及养生

（1）接缝处理

1）横缝的处理

两工作段的搭接部分，应采用对接形式。前一段拌合后，留 5~8m 不进行碾压。后一段施工时，将前段留下未压部分，一起再进行拌合、整型和碾压。

每天施工结束时，将末端混合料修整成一垂直于中线的断面，然后进行碾压，碾压后会出现一个斜坡，第 2 天铺筑新的混合料前将此斜坡与不符合设计标高处一并挖除，并修整成一横向与公路中线垂直向下的断面。施工前应重叠在已铺层上 5~10cm，按松铺高度继续摊铺新的混合料。

2）纵缝的处理

石灰粉煤灰稳定基层的施工应该避免纵向接缝，在必须分两幅施工时，纵缝必须垂直相接，不应斜接，纵缝应按下述方法处理：

① 在前一幅施工时，在靠中央一侧用方木或钢模板做支撑，方木或钢模板的高度与稳定土层的压实厚度相同；

② 在混合料拌合结束后，靠近支撑木（或板）的 1 条带，应人工进行补充拌合，然后进行整型和碾压；

③ 在铺筑另一幅时或在养生结束后，拆除支撑木（或板）；

④ 第 2 幅混合料拌合结束后，靠近第 1 幅的 1 条带，应人工进行补充拌合，然后进行整型和碾压。

注意在摊铺另半幅时，将前半幅切除 10～30cm，切除宽度视损坏宽度而定，但必须保证无松散、空洞、不密实部位，所切断面平顺垂直。摊铺另一幅时，将断面洒水湿润以使两幅结合牢固。

（2）养生及交通管制

1）碾压合格后应及时进行养生，防止表层干燥失水。二灰稳定碎石基层在碾压完成后的第二天或第三天开始养生，通常采用洒水养生法。每天洒水的次数视气候条件而定，应始终保持表面潮湿或湿润，养生期一般为 7～14d，至少 7d。

2）必要时采用覆盖养生方法，也可用沥青乳液和沥青下封层进行养生。

3）在养生期间，除洒水车外，应封闭交通。

4）养生期结束，如面层为沥青混合料应立即喷洒透层沥青或做下封层，并在 5～10d 内铺筑沥青面层。在喷洒透层沥青后，宜撒布 3～8mm 或 5～10mm 的小碎石，小碎石约撒布 60% 的面积（不完全覆盖，但均匀覆盖 60% 的面积，露黑）。

5）当二灰稳定碎石分层施工时，下层碾压完毕后，可以立即在其上铺筑另一层，不需专门的养生期，也可以养生 7d 后再铺筑另一层。

6）底基层养生结束后可开放交通，但要限制车速不得超过 20km/h，并不准急转急停。如作基层时，由于行车而松散，必须将其松散物全部清除，并在基层施工时予以补足，保证底基层和基层的总厚度。

五、质量管理及控制

1. 严格控制原材料质量。首先应从料源地着手；其次是进料的质量检验，如对生石灰要求全部消解、色泽均匀；第三是储存，防止石灰受潮以及细集料和粉煤灰的含水量波动过大。拌合的技术关键是各档材料进料误差应控制在允许范围之内，并保证混合料的均匀性。

2. 注重施工质量的提高。处理好路基底基层；严格控制拌合的加水量，保持混合料水化作用必需的水分，防止因水分过多而引起干缩；选择昼夜温差较小的季节进行施工，从而避免因温度变化而产生温缩裂缝；及时覆盖、洒水、养生，防止阳光曝晒。

3. 选择有效的质量控制方法。主要有：硫酸钠在二灰混合料中的测定；定期检验混合料的配合比，有四项内容（化学添加剂含量的检验、二灰与集料比例的检验、石灰含量的检验、集料级配的检验）；压实度的检验（以灌砂法为主）；无侧限抗压强度的检验等。

总之，只有不断地改进和提高施工技术水平，才能确保二灰碎石基层的优良质量。

第四节　沥青稳定碎石基层

沥青稳定基层是指用适量的沥青对级配粒料进行稳定后用作沥青路面的基层，其刚度相对较小，属于柔性基层。基层采用沥青稳定粒料能够更好地发挥沥青混合料稳定、耐久、舒适的特性。在我国，由于半刚性基层路面早期破坏严重，近几年来人们逐渐重视沥青稳定碎石柔性基层的研究，但在实际工程中的应用很少。

一、原材料

1. 沥青

我国《公路沥青路面施工技术规范》（JTJ F40—2004）规定：道路石油沥青适用于各类沥青面层，高速公路、一级公路铺筑沥青路面时，应采用符合重交通石油沥青技术要求的道路石油沥青，但在特殊情况下可将含蜡量、15℃延度放宽；对于其他等级公路可采用符合轻交通道路石油沥青技术要求的道路石油沥青；沥青面层所用的沥青标号，宜根据地区气候条件、施工季节气温、路面类型、施工方法等因素来选择。

沥青稳定类基层的沥青类型范围也较广，包括针入度为60～150之间的道路石油沥青，以及液态石油沥青，沥青用量范围一般在3%～6%之间。由于沥青稳定碎石基层在我国目前尚处于研究阶段，没有对沥青的选择作详细的规定。因此，建议采用与沥青下面层相同的沥青类型。

2. 集料

按照沥青面层对矿质集料的要求，首先必须保证粗细集料洁净、干燥、无风化、无杂质，填料宜采用石灰岩中的强基性岩石等憎水性石料磨细的矿粉；另外还对粗集料的压碎值、洛杉矶磨耗值、与沥青的粘附性、磨光值、冲击值等指标作了严格的规定，对细集料的含水量、粒度范围作了严格的规定；以及对天然砂、石屑和矿粉的其他规定。

而按照半刚性基层水泥稳定碎石对基层矿质集料的要求，则碎石或砾石的压碎值、有机含量和硝酸盐含量不应超过一定的规定值。

我国规范作出了对沥青路面面层和半刚性基层的矿质集料性质的详细规定，但对于柔性基层材料的要求没有明确的规定，为便于沥青稳定碎石柔性基层结构的广泛应用，建议用于沥青稳定碎石基层的矿质集料要满足半刚性基层水泥稳定碎石的基本要求。

二、施工准备

铺筑基层前，要检查下封层的完整性及其与下承层表面的粘结性。对局部下承层外露和下封层两侧宽度不足部分应按下封层施工要求进行修铺，对已成型的下封层，应用硬物刺破后与基层表面相粘结，以不能整层被撕开为合格。对下封层表面浮动矿料应扫到路面以外，表面杂物亦要清扫干净，灰尘应提前冲洗，风吹干净。

三、混合料组成设计

沥青混合料的配合比设计是在综合国内外研究结论的基础上，采用大马歇尔方法分别对 6 种级配的混合料按体积指标来进行设计。并对设计结果进行了水稳定性试验（浸水马歇尔、AASHTO T283 试验）、车辙试验、高温蠕变试验、回弹模量试验（重复加载间接抗拉试验、单轴压缩试验）及飞散试验。结合性能试验结果提出均匀、密实、嵌挤结构沥青碎石基层的设计方法及设计控制指标。

1. 目标配合比设计

在设计级配范围内拟定 1 ~ 3 组粗细不同的配合比，分别位于设计级配范围的上方、中值及下方。设计合成级配不得有太多的锯齿形交错，且在 0.3 ~ 0.6mm 范围内不出现"驼峰"。当反复调整不能满意时，应更换材料。

以预估的油石比为中值，按一定间隔（对沥青碎石混合料为 0.3% ~ 0.4%），取 5 个或 5 个以上不同的油石比按《公路工程沥青及沥青混合料试验规程》大马歇尔试验方法分别成型马歇尔试件，进行马歇尔试验，测定试件的密度、孔隙率、沥青饱和度、稳定度及流值。以油石比或沥青用量为横坐标，以马歇尔试验的各项指标值为纵坐标，将试验结果点入图中，连成圆滑的曲线。确定符合规范规定的沥青混合料技术标准的沥青用量范围 $OAC_{min} \sim OAC_{max}$。选择的沥青用量范围必须涵盖设计孔隙率的全部范围，并尽可能涵盖沥青饱和度的要求范围，并使密度及稳定度曲线出现峰值。如果没有涵盖设计孔隙率的全部范围，必须扩大沥青用量范围重新进行试验。根据试验曲线的走势，按下列方法确定沥青混合料的最佳沥青用量 OAC_1。在曲线图上求取对应于密度最大值、稳定度最大值、目标孔隙率（或中值）、沥青饱和度范围中值的沥青用量 a_1、a_2、a_3、a_4，取平均值作为 OAC_1，即 $OAC_1 = (a_1 + a_2 + a_3 + a_4)/4$。

对所选择试验的沥青用量范围，密度或稳定度没有出现峰值（最大值经常在曲线的两端）时，可直接以目标孔隙率所对应的沥青用量 a_3 作为 OAC_1，但 OAC 必须介于 $OAC_{min} \sim OAC_{max}$ 的范围内，否则应重新进行配合比设计。

2. 生产配合比设计阶段

（1）确定各热料仓矿料和矿粉的用量。必须从二次筛分后进入各热料仓的矿料取样进行筛分，根据筛分结果，并通过计算，使矿质混合料的级配接近目标配合比的级配，以确定各热料仓矿料和矿粉的用料比例，供拌合机控制室使用。同时反复调整冷料仓进料比例，以达到供料均衡。

（2）确定最佳油石比。取目标配合比设计的最佳油石比 OAC 和 OAC±0.3%、OAC±0.6% 五个油石比，取以上计算的矿质混合料，用实验室小型拌合机拌制沥青混合料，进行马歇尔试验。按目标配合比设计方法绘图分析，得出 OAC_1 和 OAC_2 后，再综合确定生产配合比的最佳油石比 OAC。按以上方法确定的 OAC 可能与目标配合比的 OAC 不一致，如相差不超过 0.2 个百分点，应按生产配合比确定的 OAC 进行试件拌合试铺，或分析确定试拌试铺用油石比；如相差超过 0.2 个百分点，应找出原因，进一步试验分析后确定试拌试铺用油石比。

3. 生产配合比验证阶段

用生产配合比进行试拌，沥青混合料的技术指标合格后铺筑试铺段。取试铺用的沥青混合料进行马歇尔试验，并检验其沥青含量、筛分试验。检验标准配合比矿料合成级配中，至少应包括 0.075mm、2.36mm、4.75mm 及公称最大粒径筛孔的通过率接近目标配合比级配值，并避免在 0.3～0.6mm 处出现驼峰，由此确定正常生产用的标准配合比。

四、基层施工

1. 混合料的拌合

混合料采用拌合机集中厂拌，保证原材料质量、沥青混合料的油石比、矿料的级配达到设计要求。

（1）按现行公路沥青路面施工技术规范严格控制拌合温度，保证拌合时间，混合料的拌合温度如表 1-6 所示。

（2）拌合楼控制室要逐盘打印沥青及各种矿料的用量和拌合温度，并定期对拌合楼的计量和测温进行校核。没有材料用量和温度自动记录装置的拌合机不得使用。

沥青碎石混合料拌合温度　　　　　　表1-6

沥青类型	沥青加热温度（℃）	矿料加热温度（℃）	出料温度（℃）	混合料废弃温度（℃）
AH-50沥青	160~170	170~200	150~170	200
AH-70沥青	155~165	165~195	145~165	195

（3）观察出仓沥青混合料色泽、拌合均匀性。混合料应均匀一致，无结团成块，无花白料或粗细集料离析现象。

（4）拌合时间由试拌确定，以混合料拌合均匀、所有矿料颗粒全部裹覆沥青胶结料为度。

2. 混合料的运输

（1）混合料采用较大吨位（载重量不低于16t）的自卸汽车运输，采用数字显示插入式热电偶温度计检测沥青混合料的出厂温度和运到现场的温度，插入深度要大于150mm。在运料卡车侧面中部设专用检测孔，孔口距车厢底面约300mm。运料车在装混合料前应涂抹隔离剂，以防止沥青混合料粘附在车厢上。

（2）拌合机向运料车放料时，汽车应前后移动分几堆装料，以减少粗集料离析。

（3）运输过程尽量覆盖，保温防雨且避免环境污染，保证运输到现场温度符合规范要求，温度过低的混合料坚决不使用；

（4）沥青混合料运输车的运量应较拌合能力和摊铺速度有所富余，摊铺机前方应有5辆运料车等候卸料。

（5）连续摊铺过程中，运料车在摊铺机前10~30cm处停住，不得撞击摊铺机。卸料过程中运料车应挂空挡，靠摊铺机推动前进。

3. 混合料的摊铺

摊铺是沥青稳定碎石基层施工的重要环节,是碾压等后续工序的基础。

(1) 沥青碎石混合料宜采用两台摊铺机前后布置梯队形作业,摊铺机的摊铺速度根据拌合机的产量、施工机械配套情况及摊铺厚度、摊铺宽度,按 2～4m/min 予以调整选择,保证摊铺温度,做到缓慢、均匀、不间断地摊铺。

(2) 沥青稳定碎石基层第一层摊铺厚度采用钢丝引导的高程控制方式,即每5m设一钢丝支架。采用两台摊铺机实施摊铺施工,靠道中央分隔带侧摊铺机在前,左侧架设钢丝,摊铺机上安装横坡仪控制摊铺层横坡;后面摊铺机右侧架设钢丝,左侧在摊铺好的层面上走"雪橇"。两台摊铺机摊铺层的纵向接缝应采用斜接缝,避免出现缝痕。两台摊铺机的距离不应超过30m。根据试验段确定的松铺系数检测松铺厚度是否符合规定,以便随时进行调整。摊铺机熨平板必须拼接紧密,防止卡入粒料将铺面拉出条痕。

(3) 不应任意快速摊铺几分钟,切忌停铺等料和停铺用餐。

(4) 摊铺层厚直接影响沥青稳定碎石混合料的压实,摊铺层厚偏薄,压实时易于压碎集料,进而影响压实质量;摊铺层偏厚,压实时会因压实功不够,难以达到压实标准。摊铺层厚由试铺段确定,施工中应确保摊铺厚度。

(5) 混合料压实前,施工人员不得进入踩踏。如局部离析,则要及时用人工找补或更换混合料,缺陷较严重时应予以铲除。

(6) 摊铺遇雨时,应立即停止施工,并清除未压成型的混合料,对于遭受雨淋的混合料则应废弃,不得卸入摊铺机摊铺。

4. 混合料的碾压

压实是保证施工质量、获得良好路用性能的关键环节之一，应选择合理的压路机组合方式及碾压步骤。

（1）沥青稳定碎石混合料粒径和铺筑厚度较大，因而压实方式应与传统的混合料不同。对沥青碎石混合料宜采用大吨位压路机，将胶轮碾压、振动压路机的弱振、强振有效的结合起来，采用胶轮压路机初压，钢轮振动压路机复压，双钢轮压路机终压，以达到最佳压实效果，保证压实度。振压时通常采用 33 ~ 50Hz 高频，以避免粗集料大量的破碎，在温度较高时，就能使集料颗粒得到初步互相锁定，使压路机在碾压遍数最少的情况下，就可压实混合料。振幅主要影响压实深度，当碾压层较厚时，则可在满足最低振频的要求下，选择较高的振幅，振幅通常在 0.4 ~ 0.8mm 之间。压路机的具体碾压遍数及组合方式依据试铺段确定。

（2）影响其压实效果的最重要因素是碾压时的温度，温度太低时，沥青为胶粒状，不利于压实；温度太高时，压实中将会出现发丝状裂缝或位移，也不易压实，且易产生难以消除的轮迹，造成路面不平整，因此碾压施工中应保证碾压温度，对沥青稳定碎石基层，应控制碾压温度在 127℃ 以上，初压温度应不低于 135℃，复压温度控制在 115℃ 左右，碾压的终了温度应控制在 80℃ 左右。

（3）为避免碾压时混合料被推挤产生壅包、推移，碾压时应将驱动轮朝向摊铺机；碾压路线及方向不应突然改变；压路机起动、停止必须减速缓行，不准刹车制动。压路机折回不应处在同一横断面上。压路机静压时相邻碾压带应重叠 15 ~ 20cm 轮宽，振动时相邻碾压重叠宽度不得超过 15 ~ 20cm。

（4）为了防止混合料粘轮，可在钢轮表面均匀洒水使轮子保持潮湿，水中掺少量的清洗剂或其他隔离材料，不得掺加柴油、机油。要防止过量洒水引起混合料温度的骤降。

（5）在当天碾压的尚未冷却的沥青混凝土层面上，不得停放压路机或其他车辆，并防止矿料、油料和杂物散落在沥青层面上。

五、接缝

1. 纵向施工缝

采用 2 台摊铺机成梯队联合摊铺方式的纵向接缝，应用斜接缝。在前部已摊铺混合料部分留下 10～20cm 宽暂不碾压，将其作为后高程基准面，并有 5～10cm 左右的摊铺层重叠，以热接缝形式在最后作跨接缝碾压以消缝迹。如果 2 台摊铺机相隔距离较短，也可做 1 次碾压。上下层纵缝应错开 15cm 以上。

2. 横向施工缝

全部采用平接缝。用 3m 直尺沿纵向位置，在摊铺段端部的直尺呈悬臂状，以摊铺层与直尺脱离接触处定出接缝位置，用锯缝机割齐后铲除。继续摊铺时，应将摊铺层锯切时留下的灰浆擦洗干净，涂上少量粘层沥青，摊铺机熨平板从接缝处起步摊铺。碾压时用钢轮式压路机进行横向压实，从先铺路面上跨缝逐渐移向新铺面层。

六、质量管理及控制

（1）控制好混合料级配和油石比，油石比与设计值的允许误差为 -0.1%～+0.2%。

矿料级配与生产设计标准级配的允许差值：

0.075mm　　　　±2%

≤2.36mm　　　　　±4%

≥4.75mm　　　　　±5%

（2）控制好混合料的拌合、运输、摊铺、压实各个环节的施工质量，严格控制摊铺温度和碾压温度。沥青混合料摊铺温度和碾压温度直接影响到压实效果，因此施工过程中应做好前后场的衔接，力求沥青混合料在高温下压实。压实度采用双控指标，要求马歇尔标准密度的压实度不小于98%，最大理论密度的压实度控制在93%~97%。

（3）控制混合料离析指标：

1）施工过程中采用红外温度探测器检测的温度差不应超过20℃；

2）核子密度仪检测的密度不应超过0.075g/cm³（大体上相当于孔隙率相差3%）；

3）构造深度的大值与平均值之比不应超过1.5。

（4）施工中，采用抽提筛分试验、马歇尔试验来控制沥青碎石的质量，检测压实度、厚度、回弹模量、回弹弯沉等指标控制基层施工质量。压实度通过现场钻芯后用蜡封法测得，密度采用钻孔法及核子密度仪检测。厚度检测采用钻芯取样法量测厚度，回弹模量采用承载板法测定，回弹弯沉采用贝克曼梁法测定。

第五节　贫混凝土基层

贫混凝土（Lean Concrete，简称 LC）是由粗、细级配集料与一定水泥和水拌合而成的一种混凝土。这种混凝土的水泥用量较普通混凝土低，有时也称经济混凝土（Econcrete）。贫混凝土与水泥稳定碎石、二灰碎石等常用半刚性材料相比，具有较高的强度、刚度和整体性，抗冲刷和抗冻性能良好。贫混凝土刚性基层是对目前我国大量使用的半刚性基层的发展和延伸，是专门针对特重交通下大量超重载路面开发的新型增强的刚性基层类型，已在很多高等级公路上得到了应用。对于沥青路面贫混凝土基层这种高强度材料符合强基、薄面的设计思想，有利于减少路面车辙的发生，同时可以延长路面的使用寿命和服务年限。

贫混凝土基层有3种类型：插入振捣式塑性贫混凝土基层、表面振动式无砂或少砂透水塑性贫混凝土排水基层、碾压式贫混凝土基层。

一、原材料

1. 水泥

当贫混凝土和碾压混凝土用作基层时，可使用各种硅酸盐类水泥。各种硅酸盐类水泥主要有6种：道路水泥、硅酸盐水泥、普通水泥、矿渣水泥、粉煤灰水泥、火山灰水泥和复合水泥。不掺用粉煤灰时，宜使用强度等级32.5级以下的水泥。掺用粉煤灰时，只能使用道路水泥、硅酸盐水泥、普通水泥。水泥的抗压强度、抗折强度、安定性和凝结时间必须检验合格。

2. 粉煤灰

贫混凝土基层中可使用Ⅰ、Ⅱ、Ⅲ级粉煤灰，不得使用等外灰。

贫混凝土基层掺粉煤灰是十分必要的，一般需要掺适量的粉煤灰来达到路用品质的要求。代替水泥的粉煤灰最大掺量与所用的水泥品种有关：Ⅰ型硅酸盐水泥宜≤30%；Ⅱ型硅酸盐水泥宜≤25%；道路水泥宜≤20%；普通水泥宜≤15%；矿渣水泥不得掺粉煤灰。粉煤灰超量取代系数k：Ⅰ级灰可取1.4~1.8；Ⅱ级灰可取 1.6~2.0；碾压混凝土基层和复合式路面下面层用Ⅲ级灰宜取 1.8~2.2。在贫混凝土基层和碾压混凝土基层或底面层中，考虑到较多的粉煤灰能够改善平整度、密实度和压实度，粉煤灰超量取代系数比面层大。

3. 粗、细集料

贫混凝土基层可用Ⅲ级和Ⅲ级以上的集料。按照国标《普通混凝土用碎石或卵石质量标准及检验方法》（GB/T 14685—2001）和《普通混凝土用砂质量标准及检验方法》（GB/T 14684—2001）的规定，根据所配制的混凝土强度等级将粗、细集料分为 3 个级别：C60 以上高强混凝土应使用Ⅰ级集料；C30~C60 中强混凝土使用Ⅱ级；强度等级低于 C30 的低强度混凝土使用Ⅲ级。

国标中的Ⅲ级粗集料压碎指标小于 30% 及针片状颗粒含量小于 25% 要求过于宽松，因此进行了调整。Ⅱ级粗集料的压碎指标由 20% 降低到 15%；Ⅲ级粗集料的压碎指标由 30% 降低到做路面时小于 20%、做贫混凝土基层时小于 25%。

贫混凝土基层粗集料的级配按路面混凝土进行要求，规定：最大公称粒径≤31.5mm，贫混凝土基层细集料可使用天然砂、机制砂、淡化海砂或混合砂。

对砂的细度模数没有要求，即细、中、粗砂均可。配制机制砂贫混凝土时，应同时掺引气高效减水剂。使用淡化海砂时应符合含盐量≤1.0kg/m³ 及贝壳残留物≤1% 的规定。

二、施工准备

贫混凝土基层施工前应做好测量放样、恢复中桩，定出贫混凝土基层的边线，在边线外侧培好土路肩，在距边线外侧每 10m 打一钢钎，固定好高程引导线，高程引导线要求每 10m 挠度控制在 5mm 内。施工前对底基层压实度、宽度、厚度、平整度、高程、横坡、轴线偏位等进行检测，均应符合规范要求，并将下承层清扫干净。同时对相关机械进行调试，准备施工工具。测量放样完成后，立支贫混凝土基层模板，一般采用钢模板，使其立支牢固、耐久、顺直，在施工过程中不移位。

三、混合料组成设计

贫混凝土基层的配合比设计按《普通混凝土配合比设计规程》（JGJ 55—2000）中规定的公式及系数计算。

1. 配合比设计的原则及要求

贫混凝土的配合比设计既要满足贫混凝土设计抗压强度及和易性的要求，又应力求经济，严格限制水泥用量、掺入适当的粉煤灰可以防止和减少面层可能出现的反射裂缝，并降低工程造价。

基层贫混凝土配合比设计的 3 项技术要求如下：

（1）强度

基层贫混凝土设计强度应符合表 1-7 的规定。

基层贫混凝土设计强度要求 表 1-7

交通等级	特重	重	中等	备注
7d 抗压强度（MPa）	10.0	7.0	5.0	用于施工质检
28d 设计抗压强度标准值（MPa）	15.0	10.0	7.0	用于配合比设计
28d 设计弯拉强度标准值（MPa）	3.0	2.0	1.5	用于路面结构设计计算

（2）工作性

贫混凝土的坍落度应符合所采用施工方式对坍落度的要求。基层贫混凝土中单位水泥用量过少，在只使用水泥的条件下，基层的平整度及表面无缺陷要求难以做到，因此基层贫混凝土基层中一般应掺粉煤灰，使胶凝材料将砂石料包裹起来，满足表面无缺陷要求。

（3）耐久性

满足耐久性要求的贫混凝土最大水灰（胶）比宜符合表 1-8 的规定。

满足耐久性要求的贫混凝土最大水灰（胶）比　　表 1-8

交通等级	特重	重	中等
最大水灰（胶）比	0.65	0.68	0.70
有抗冻要求的最大水灰（胶）比	0.60	0.63	0.65

在基层受冻地区，贫混凝土中应掺引气剂，并控制贫混凝土含气量为 4%±1%。当水灰（胶）比不能满足抗冻耐久性要求时，宜使用引气减水剂。当高温摊铺坍落度损失较大时，可使用引气缓凝减水剂。

2. 初步选定配合比

（1）确定试配强度

根据刚性水泥混凝土路面和沥青混凝土路面的设计指标，在进行贫混凝土基层设计时，应对其分别考虑。作为水泥混凝土路面的贫混凝土基层应采用抗弯拉强度作为强度设计指标，而作为沥青混凝土路面的贫混凝土基层应采用抗压强度作为强度设计标准。

贫混凝土的配合比设计抗压/折强度宜取设计抗压/折强度的 1.15 倍，根据当地材料品质和施工水平作相应的改变。

（2）拟定水泥用量

贫混凝土基准水泥用量介于稳定粒料和普通水泥混凝土之间，一般为集料干重的 6%～12%。根据配制强度和水泥的强度等级确定，也可参照表 1-9 和表 1-10 选用。

以抗弯拉强度为设计标准的水泥用量参考值　　　表 1-9

28d 设计抗弯拉强度/MPa	1.0	1.5	2.0	2.5	3.0
42.5 号水泥参考用量/kg	120	140	160	180	200
32.5 号水泥参考用量/kg	140	160	180	200	220

以抗压强度为设计标准的水泥用量参考值　　　表 1-10

28d 设计抗压强度/MPa	7.0	10.0	13.0	15.0	20.0
42.5 号水泥参考用量/kg	110	120	130	140	150
32.5 号水泥参考用量/kg	130	140	150	.160	170

因地域性差异，原材料、外掺剂的使用，使得水灰比和强度的回归公式没有统一的形式，因此有条件的地方应自己回归水灰比公式与系数，以上仅为参考值。不掺粉煤灰贫混凝土的单位水泥用量宜控制在 160～230kg 之间；在基层受冻地区最小单位水泥用量不宜低于 180kg。掺粉煤灰时，单位水泥用量宜在 130～175kg 之间；单位胶材总量宜在 220～270kg 之间；基层不受冻地区最小单位水泥用量不宜低于 150kg。

（3）确定砂率

砂率的选择见表 1-11 所示。贫混凝土的水灰比变化范围小，而影响和易性与密实程度的因素主要取决于砂的粗细程度，因而应尽量选择中粗砂。贫混凝土基层无需制作抗滑构造，因此，所使用的砂率比面层大致小 2% 左右。

基层贫混凝土的砂率   表 1-11

砂细度模数		2.2~2.5	2.5~2.8	2.8~3.1	3.1~3.4	3.4~3.7
砂率 S_p（%）	碎石混凝土	24~28	26~30	28~32	30~34	32~36
	卵石混凝土	22~26	24~28	26~30	28~32	30~34

（4）确定水灰比及最佳用水量

贫混凝土水灰比的选择与贫混凝土的施工工艺有关，一般碾压贫混凝土的水灰比应在 0.45~0.60 之间（一般需加外掺剂），普通工艺贫混凝土的水灰比应在 0.65~0.80 之间。

对于碾压干贫混凝土，通过击实方法确定最佳含水量后，采用维勃稠度进行调整和现场控制，一般维勃稠度为 10 左右；对于振捣贫混凝土，通过坍落度/维勃稠度（10~30s）来确定和控制最佳含水量。

（5）粉煤灰的使用

一般情况下，贫混凝土宜掺入一定量的粉煤灰来提高其和易性，粉煤灰用量可参照《粉煤灰在混凝土和砂浆中应用技术规程》（JGJ 28）和《粉煤灰混凝土应用技术规范》（GBJ 146）确定，由此计算出的粉煤灰与水泥的体积比 VF/VC 一般取 1.5~2.5。应考虑粉煤灰取代一部分砂，适当降低砂率。

（6）求水泥用量、砂石用量和用水量采用假定表观密度与绝对体积法。配合比计算公式如下：

$$\beta = \frac{m_{S0}}{m_{S0} + m_{G0}} \times 100\%$$

$$C = \frac{m_C}{m_S + m_G} \times 100\%$$

$$\omega = \frac{m_{W0}}{m_{C0} + m_{S0} + m_{G0}} \times 100\%$$

$m_C + m_W + m_S + m_C$ = 实测湿表观密度

式中：m_C、m_W、m_S、m_G 分别为水泥、水、砂、石子的用量，kg/cm^3。

3. 确定试验室配合比

在试验室通过稠度调整和强度校核确定实验室配合比。

四、基层施工

贫混凝土基层施工工艺并不复杂，其主导机械为拌合机和三辊轴式整平机。铺筑贫混凝土基层一般需立模来控制标高，这既提高了基层标高的控制水平，又可减少基层厚度不均的现象。三辊轴机组铺筑贫混凝土基层施工流程和机械布置依次为：布料机具—密集振捣机—拉杆安装—人工机具—三辊轴整平机—拉毛切缝—养生—填缝。

其中贫混凝土的拌合、摊铺及振捣是关键，需做到各施工机械工作能力匹配合理，拌合物供应及时，摊铺平整，振捣均匀，以确保贫混凝土基层的平整、密实，满足设计要求。

1. 混合料的拌合

贫混凝土的拌合采用具有电子计量装置的强制式混凝土拌合机，拌合的关键在于按配合比准确称量材料，严格控制含水量，拌合物的含水量控制在大约 7%，拌合时间不少于 70s，通过试验确定材料配合比是否为最佳配合比。拌合物要求色泽一致，无花白现象。拌合结束时，拌合物的含水量应均匀，并较最佳含水量大 1% 左右，同时无粗细颗粒离析现象。质量控制的重点是拌合物的改进 VC 稠度值和强度，以满足施工要求，并且达到预期的强度。VC 值一般在 8 ~ 12s 之间，振捣贫混凝土的 VC 值应小于 10s。在拌前要按拌合物的设计要求，对搅拌设备标定水泥、粗细集料和水等材料的准确配合比。

2．混合料的运输

运输时使用农用自卸卡车或载重汽车。运输贫混凝土时，针对水分蒸发和拌合物易发生堆积、离析等问题作相应的处理，可采取在运输车辆上覆盖帆布、车辆避免或减少制动、起动频繁，注意车速并且尽量行驶平稳等措施。

3．混合料的摊铺

贫混凝土基层宜采用与面板相同机械铺筑，可采用普通混凝土面层滑模摊铺、轨道摊铺、三辊轴机组和小型机具4种施工方式中的任意一种铺筑。

应有专人指挥车辆均匀卸料，可用人工布料。人工布料宜用排式振捣机前方的螺旋布料器辅助控制松铺高度。

贫混凝土施工中，摊铺机械是主导机械，应注意其他施工机械的配合。摊铺时，按松铺系数 1.15 ~ 1.25 试铺，通过现场验证修正。摊铺作业过程中的停顿或急剧变速都将明显影响基层的纵向平整度，因此混合料的摊铺应保持匀速连续摊铺，尽量减少停顿和变向。摊铺工序的质量控制重点是平整度和外形尺寸。

4．混合料的振捣

振捣施工时，应认真处理好边角部位，不留强度薄弱区，以求贫混凝土基层全宽范围内均匀密实。振捣时功率选择要适当，既要振捣密实，又要保证不产生大的分层离析。

使用三辊轴机施工时，需使用振捣棒，以保证振捣密实效果及三轴机工作后混合料与模板齐平。混凝土拌合物的布料长度不宜小于 10m，开始振捣密实作业。振捣棒组间歇插入振实时，每次移动距离不宜超过振捣棒有效作用半径的 1.5 倍，并不得大于60cm，振捣时间宜为 15 ~ 30s。振捣的行进速度以拌合物中粗料停止下沉，液化表面不再冒气泡，并泛出水泥浆为准。

振捣施工时，质量控制的重点是平整度、密实度、厚度及强度。

贫混凝土振实后，应随即安装拉杆，拉杆长度不小于60cm，间距为50cm，直径为$\phi16$的螺纹钢筋。

5. 接缝及养生

根据路面设计基层需切缝时，当施工时的昼夜平均气温为15～25℃，应在铺筑20h左右切缝，缝深为层厚的1/3～1/4，缝宽为6mm左右。贫混凝土基层切缝处的防水处理可采用土工布或玻璃纤维。土工布宽度为1m，骑缝铺贴，两侧各50cm左右，若长度不够时，重叠搭接15cm。

应重视贫混凝土基层的早期养护，每一段基层振捣完成并检查合格后应立即开始养护。贫混凝土基层的养护可使用养护剂养护，也可直接覆盖草袋、麻袋后洒水湿养。其中草袋、麻袋覆盖湿养可有效减少板内的水分蒸发。待贫混凝土终凝后，洒水的次数可视天气情况而定。为保持适度的湿度每天洒水应不少于2次（上、下午各1次），2d后也可改为铺砂围埝蓄水养护。基层的养生期根据具体情况确定，一般需要2周左右，以防止或减少裂缝。养生期应不少于7d，在养生期间除洒水车外，封闭交通。

6. 拆模

拆模时不能碰伤贫混凝土基层的边角，并避免出现危及混凝土面层性能的缺陷。

五、质量管理及控制

贫混凝土基层的质量应满足表1-12的要求：

公路贫混凝土基层的质量要求　　　　表 1-12

项目	检查项目	规定值或允许值	检查方法和频率
1	7d 抗压强度（MPa）	代表值≥8.5，最小值≥7	标准立方体 7d 抗压强度用于施工期间的质量控制。28d 试件或 28～56d 钻芯抗压强度用于质量验收，以钻芯抗压强度作为最终判定质量的标准。当要求返工时每车道每公里不少于 3 个芯样
2	平均板厚（mm）	代表值 -5，极值 -10	尺测：每 100m 左右各一处，参考芯样
3	平整度最大间隙（mm）	高速公路和一级公路≤4mm 的合格率≥85%；二级公路≤6mm 的合格率≥85%	3m 直尺：每车道 200m² 处10 尺
4	纵断高程（mm）	代表值 ±5，极值 ±10	水准仪：每 200m 4 点
5	相临板高差（mm）	≤4	3m 尺测：每条横向胀缝、工作缝 3 点，每 200m 纵横缝2 条，每条 2 点
6	连接摊铺纵缝高差（mm）	代表值≤5，极值≤7	3m 尺测：每 200m 2 处，每处 3 尺
7	连缝顺直度（mm）	≤10	每 500m，20m 拉线测 2 处
8	中线平面偏位（mm）	≤20	经纬仪：每 200m 4 点
9	路面宽度（mm）	±20	尺测：每 200m 4 点
10	横坡度（%）	代表值≤ +0.20，极值≤ +0.25	水准仪：每 200m 4 个断面

项目	检查项目	规定值或允许值	检查方法和频率
11	断板率（%）	≤2	数断板量，计算占总板块百分率
12	坑穴、拱包、接缝缺边掉角（mm·m⁻²）	≤20	尺测：每200m随机测4m²
13	切缝深度（mm）	≥50 或 ≥1/4h	尺测：每200m接缝4处
14	胀缝板连浆（mm）	≤30	尺侧：每条胀缝板安装时测
15	胀缝传力杆偏斜（mm）	≤13	钢筋保护层仪：每5条胀缝抽测1条
16	外观	贫混凝土应均匀一致，不得有脱皮起壳、蜂窝等现象	

第二章 热拌沥青混合料路面

第一节 材料及一般规定

沥青类面层采用的原材料主要包括沥青、粗集料、细集料、矿粉等。抗剥落剂的掺加与否要依据沥青和石料的粘附性等级而定。

一、沥青

实践证明，使用优质沥青，能够有效地减少和预防沥青类路面由于温度的变化而造成的破坏。沥青材料应根据公路所处地区的气候条件选择适宜的材料和面层，根据其所在层数和作用的不同采用不同标号的沥青材料。通常较热的气候区，较繁重的交通，细粒式或砂砾式的混合料应采用稠度较高的沥青；在其他配料条件相同的情况下，较黏稠的沥青配置的混合料具有较高的力学强度和稳定性，但如稠度过高，则沥青混合料的低温变形能力较差，沥青路面容易产生裂缝。反之，在其他配料条件相同的条件下，采用稠度较低的沥青，虽然配置的混合料在低温时具有较好的变形能力，但在夏季高温时往往稳定性不足而使路面产生推挤现象。

沥青的使用应符合《公路沥青路面施工技术规范》（JTG F40—2004）规定，逐项进行试验，其中最为重要的指标是延度、含蜡量及薄膜加热后的性质。在选用沥青时，除了要进行出厂质量检验外，还要定期按规定的抽样方法，提取有代表性的样本，按照试验规程进行检定。

二、集料

1. 粗集料

粗集料应清洁、干燥、无风化、无杂质。对粗集料而言，材料本身的性质如强度、密度、粘附性、压碎值、磨光值等必须符合标准，主要控制指标是压碎值和与沥青的粘附性。压碎值指标可以间接地反映石料的抗压强度，压碎值越大，说明针片状颗粒越多，石料强度等级越低。一般应当使用碱性石料做集料。如果石料强度达不到要求，不得不使用酸性石料时，应当检查沥青与石料的粘附性。若粘附性低于三级，应当在沥青中加入抗剥落剂以使粘附性达到满意的结果。如果集料的含泥量过大，会使混合料的粘附性大大降低，因而必须严格控制。对于加工性质，必须有二个以上新破碎面颗粒比例不少于75%，不宜使用颚式破碎机加工的碎石，规格 2～3cm、1～2cm 的针片状含量不大于15%，具体指标如表2-1所示。

沥青混合料用粗集料质量技术要求　　　　表 2-1

指　　标		单位	高速公路及一级公路		其他等级公路	试验方法
			表面层	其他层次		
石料压碎值	≤	%	26	28	30	T 0316
洛杉矶磨耗损失	≤	%	28	30	35	T 0317
表观密度	≥	t/m^3	2.60	2.50	2.45	T 0304
吸水率	≥	%	2.0	3.0	3.0	T 0304
坚固性	≥	%	12	12	—	T 0314

指 标	单位	高速公路及一级公路		其他等级公路	试验方法
		表面层	其他层次		
针片状颗粒含量（混合料） ≤	%	15	18	20	T 0312
其中粒径大于 9.5mm ≤	%	12	15	—	
其中粒径小于 9.5mm ≤	%	18	20	—	
水洗法 <0.075mm 颗粒含量 ≤	%	1	1	1	T 0310
软石含量 ≤	%	3	5	5	T 0320

注：1. 坚固性试验可根据需要进行；

2. 用于高速公路、一级公路时，多孔玄武岩的视密度可放宽至 2.45t/m³，吸水率可放宽至 3%，但必须得到建设单位的批准，且不得用于 SMA 路面；

3. 对 S14 即 3～5 规格的粗集料，针片状颗粒含量可不予要求，<0.075mm 含量可放宽到 3%。

2. 细集料

细集料应洁净、干燥、无风化、不含杂质，并有适当的级配范围。可以采用天然砂、人工砂或石屑。天然砂要选用具有一定级配的优质纯净的天然砂。

3. 填料

沥青混合料的填料宜采用石灰岩或岩浆岩中的强基性岩石（憎水性石料）经磨细得到的矿粉，以便确保与沥青有很好的粘附性。进场填料外观不应含泥土、杂质和团粒；小于 0.075mm 部分的重量比大于 80%；亲水系数小于 1.00；含水量应小于

1%；矿粉与沥青用量之比取 1~1.2。

第二节　施 工 准 备

一、基层检验

沥青路面面层施工前，应对基层质量进行检查，基层质量符合要求后方可进行沥青面层施工。沥青路面基层应满足规范要求，强度、平整度、高程等符合要求；具有稳定性；表面应平整、密实；基层的拱度与面层的拱度应一致。如果基层为旧路面，应根据旧路面质量，对旧路面进行处理、整平或补强，基层强度和标高达到规范和设计要求后，方可铺筑沥青面层。

二、机具设备

1. 摊铺、碾压设备

单机作业时需要采用摊铺宽度 12m 以上的摊铺机，双机联合梯队作业时需增加一台熨平板可伸缩式的摊铺机。摊铺机行走方式应为履带式并具有横坡调整装置。碾压设备有双钢轮振动轮压路机(8~12t)、轮胎式压路机、小型双钢轮振动轮压路机或柴油平板夯。

2. 其他设备

15t 以上自卸汽车、浮动基准梁或非接触式平衡梁、空压机、装载机、水车、加油车、移动照明车。

3. 小型施工设备

手推车、铁锹、扫把、铁钎、耙子。

4. 检测、测量设备

平整度仪、3m 直尺、摆式摩擦仪、构造深度仪、水准仪、全站仪、钢卷尺、3～5m 钢丝绳、高程可调托盘、5m 铝合金导梁、1t 倒链等。

三、作业准备

路面基层阶段验收并做封层后，在沥青混凝土面层开工前，必须对基层裂缝妥善处理，并清除封层上的多余石子、泥土及污物，污染严重的需用水车进行冲洗，然后进行沥青混凝土面层的施工放样，施工宽度按设计宽度再加 2cm。标高放线时应进行中线和高程测量，按照试验的松铺厚度用钢丝线统一拉线，一端固定，另一端张拉，张拉力不小于 1000N，为防止张紧钢丝线引起结构层标高、平整度误差的积累，在摊铺机左右两侧每 6m 设置钢钎控制桩。

第三节 配合比设计

沥青混合料配合比设计包括：目标配合比（实验室配合比）设计、生产配合比设计和生产配合比验证 3 个阶段。

一、沥青混合料配合比设计原则

良好的沥青混合料配合比设计能够有效地减少沥青路面辙槽、泛油等病害。只有结合各地区气温、气候及水文地质特点，选择最佳的矿料级配与沥青用量，准确地把握混合料的体积指标，同时对沥青混合料的成型条件和测试方法按照实际情况统一规定，才能使设计出的配合比既满足规范的技术要求，又满足地区气候特点，保证沥青混合料的可比性和统一性。沥青混合料配合比必须掌握的原则：

1. 通过合理的级配与沥青用量保证其耐久性；

2. 路面压实要符合孔隙率要求，这样可以减少泛油现象的出现，减少水损害的发生和老化问题；

3. 保证合理的构造深度和硬度；

4. 保证良好的施工和易性，即保证生产施工过程中的稳定性；

5. 保证足够的稳定性，以满足交通荷载的作用。

二、目标配合比设计

用工程实际使用的材料计算各种材料的用量比例，配合成规定的矿料级配，进行马歇尔试验，确定最佳沥青用量。以此矿料级配沥青用量作为目标配合比，供拌合机确定各冷料仓的供料比例、进料速度及试拌使用。它是在各材料验收合格的条件下展开，主要包括：矿料配合比设计和确定沥青最佳用量两个方面。

1. 原材料选择及检测

根据现场取样，对选择好的粗集料、细集料和矿粉进行筛分试验，分别绘出各组成材料的筛分曲线，同时测出各组成材料的表观密度、毛体积密度及各项其他指标，检测其是否满足规范要求并为矿料配合比设计提供原始数据。

2. 矿料配合比设计

沥青混合料配合比设计中级配的选择是一个至关重要的内容，直接决定着沥青路面的使用性能。一个良好的矿料级配组成，应该是在热稳定性允许的条件下矿料孔隙率为最小，以及为保证有足够的裹覆沥青所需要的结构表面积，以保证矿料之间处于最紧密的状态，并为矿料与沥青之间相互作用创造良好条件，使沥青混合料最大限度地发挥其结构强度的效应，从而获得最好的使用品质。

（1）确定适宜的沥青混合料类型及级配组成范围。

（2）根据选用的集料，填料的颗粒级配组成范围，用图表法或计算法确定符合选用级配组成要求的各种矿料配合比例，并使合成的配合比符合以下要求：

① 标准配合比的矿料级配中，至少应包括 0.075mm、2.36mm、4.75mm 及公称最大粒径筛孔的通过率接近优选的工程设计级配范围的中值，并避免在 0.3～0.6mm 处出现"驼峰"；

② 配合比设计时宜适当减少公称最大粒径附近的粗集料用量，减少 0.6mm 以下部分细粉的用量，使中等粒径集料较多，形成 S 形级配曲线，并取中等或偏高水平的设计孔隙率；

③ 对高速公路和一级公路，宜在工程设计级配范围内计算 1～3 组粗细不同的配合比，绘制设计级配曲线，分别位于工程设计级配范围的上方、中值及下方，设计合成级配不得有太多的锯齿形交错，当反复调整不能满意时，宜更换材料设计；

④ 根据当地的实践经验选择适宜的沥青用量，分别制作几组级配的马歇尔试件，测定 VMA，初选一组满足或接近设计要求的级配作为设计级配。

（3）根据各种矿料试配情况，必要时对矿料配合比作适当调整。

（4）各类沥青混合料的级配组成范围应符合规范要求。

3. 沥青最佳用量的确定

沥青混合料的沥青最佳用量，通常是以马歇尔稳定度试验来确定。其方法是首先从规范所列的或已有经验所选定的沥青用量范围内，以 0.5% 间隔变化沥青用量拌制成混合料，分别制备不同沥青用量的马歇尔试验试件，然后用马歇尔试验仪测定其稳定度和流值，再测定其密度和计算其孔隙率。其中满足所有技术指标的沥青用量范围即为共同范围。通常采用共同范围的中间值作为最佳沥青用量。有时亦可根据具体情况，在共同用量范围内选用适当的沥青用量。例如交通量较大和预计会产生较大车辙的路段，可在中值与下限之间选择。交通量较小，多雨潮湿或寒冷地区，则可在中值与上限之间选择。

确定沥青最佳用量的具体步骤如下：

（1）计算矿料混合料的合成毛体积密度和合成表观密度。

（2）预估沥青混合料的适宜的油石比或沥青用量。

（3）以估计沥青用量为中值，按 0.5% 间隔上下变化，取 5 个不同的沥青用量，拌合均匀，制成马歇尔试件。

（4）用真空法测定沥青混合料的最大理论相对密度。

（5）用表干法测定试件的毛体积密度和吸水率，计算孔隙率、沥青饱和度、矿料间隙率等物理指标，进行体积组成分析。

（6）进行马歇尔试验，测定马歇尔稳定度和流值这两个力学指标。

（7）以沥青用量为横坐标，以实测密度、孔隙率、饱和度、稳定度、流值为纵坐标，分别将试验结果点入图中，连成圆滑的曲线。

（8）从图中求取相应于密度最大值、稳定度最大值、目标孔隙率（或中值）、沥青饱和度范围的中值的沥青用量 a_1、a_2、a_3、a_4，按下式取平均值作为 OAC_1。

$$OAC_1 = (a_1 + a_2 + a_3 + a_4)/4$$

① 如果所选择的沥青用量范围未能涵盖沥青饱和度的要求范围，则按下式求取 3 者的平均值作为 OAC_1。

$$OAC_1 = (a_1 + a_2 + a_3) / 3$$

② 对所选择试验的沥青用量范围，密度或稳定度没有出现峰值（最大值经常在曲线的两端）时，可直接以目标孔隙率所对应的沥青用量 a_3 作为 OAC_1，但 OAC_1 必须介于 OAC_{min} ~ OAC_{max} 的范围内，否则应重新进行配合比设计。

（9）以各项指标均符合技术标准（不含 VMA）的沥青用量范围 OAC_{min} ~ OAC_{max} 中值作为 OAC_2。

$$OAC_2 = (OAC_{min} + OAC_{max}) / 2$$

由 OAC_1 和 OAC_2 综合确定最佳沥青用量（OAC）时，宜根据实践经验、道路等级、气候条件等，按下列步骤进行：

① 一般情况下，取 OAC_1 和 OAC_2 的中值作为最佳沥青用量（OAC）。

② 对热区道路以及车辆渠化交通的高速公路、一级公路、城市快车道、主干路，预计有可能造成较大车辙的情况下，可在 OAC_1 与下限 OAC_{min} 范围内确定，但不宜小于 OAC_2 的 0.5%。

·③ 对寒区道路及其他等级公路与城市道路，可在 OAC_2 与上限 OAC_{max} 范围内确定，但不宜大于 OAC_2 的 0.3%。

4. 路用性能检验

（1）水稳定性检验

按最佳沥青用量（OAC）制作马歇尔试件，进行浸水马歇尔试验或真空饱水后的浸水马歇尔试验。当残留稳定度不符合规定时，应重新进行配合比试验，直至符合要求为止。

当最佳沥青用量（OAC）值与两初始值 OAC_1 和 OAC_2 相差甚大时，宜按 OAC 与 OAC_1 或 OAC_2 分别制作试件，进行残留稳定度试验，根据试验结果对 OAC 作适当调整。

（2）高温稳定性检验

按最佳沥青用量 OAC 制作车辙试验试件，在温度 60℃、轮压 0.7MPa 条件下，检验其高温抗车辙能力。当动稳定度不符合规范要求时，应对矿料级配或沥青用量进行调整，重新进行配合比设计。

当最佳沥青用量 OAC 值与两初始值 OAC_1 和 OAC_2 相差甚大时，宜按 OAC 与 OAC_1 或 OAC_2 分别制作试件，进行车辙试验，根据结果，适当调整 OAC 值。

通过以上的计算和试验，最终确定最佳沥青用量。

三、生产配合比设计

由于实际情况与实验室之间的差别，所以在目标配合比确定之后，应进行生产配合比设计，其顺序如下：

1. 确定各冷料仓的料门大小，电机转速即各冷料仓的流量。

2. 确定各热料仓和矿粉的用量。

3. 确定生产的最佳油石比。

4. 通过马歇尔试验验证是否与目标配合比一致，并作相应的调整，修改到与目标配合比接近或相同。

对间歇式拌合机，必须从二次筛分后进入各热料仓的材料取样进行筛分，以确定各热料仓的材料比例，供拌合机控制时使用。同时反复调整冷料仓的进料比例以达到供料均衡，并取目标配合比设计的最佳沥青用量、最佳沥青用量 ±0.3% 等 3 个沥青用量进行马歇尔试验，确定生产配合比的最佳沥青用量。

四、生产配合比验证

生产配合比经审定后，拌合机采用生产配合比进行试拌、铺筑试验路，并用拌合的沥青混合料及路上钻取的芯样进行马歇尔试验检验，由此确定生产用的标准配合比。标准配合比作为生产上控制的依据和质量检验的标准。经设计确定的标准配合比在施工过程中不得随意变更。生产过程中，如遇到进场材料发生变化并经检测沥青混合料的矿料级配、马歇尔技术指标不符合要求时，应及时调整配合比，使沥青混合料质量符合要求并保持相对稳定，必要时重新进行配合比设计。

五、混合料级配中离析的控制

从根本上讲，沥青混合料离析是在矿料级配中，由于粗集料多、细集料少而导致孔隙率过大、矿料之间无法充分嵌挤紧密，或由于矿料拌合不均匀，或者施工不当等原因造成，表现为混合料中粗细集料明显分开。因此，为减少其离析现象，在实验室进行配合比设计时，就应根据设计要求、料场进料情况，认真进行筛分实验，配合出密级配的沥青混合料。

控制好填料的粒度和含量，通常填料颗粒粒径应 >0.075mm，其含量以设计下限为宜，确定合理的油石比，保证集料被沥青完全覆盖，这是控制混合料离析的关键，如果这一关把握不好，则在整个施工过程中，离析现象就很难控制。

混合料在拌合生产过程中应严格控制矿料的级配，使其在规定的范围以内，并力求接近级配范围的中值。在级配曲线中影响混合料均匀性的是中部颗粒的数量，特别是 4.75mm 和 2.36mm 筛孔的通过量应接近中值，过多或过少都会使离析加重，均匀性差，过多还会影响面层的压实度，压实比较困难。

第四节 沥青混合料的拌合

沥青混合料的拌合遵循以下流程（图2-1）：

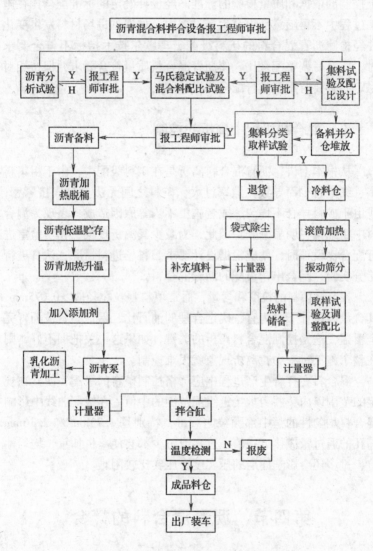

图 2-1　沥青混合料拌合施工工艺流程图

一、拌合设备

1. 拌合楼的选择原则

拌合楼的选择原则为：必须是间歇式拌合设备，拌合能力不小于90t/h，拌合楼配有电子重量传感器和红外线温度传感器，计算机控制实现生产流程，配合比的控制和称量自动化，而且在屏幕上显示。

2. 拌合设备要求

拌合厂的设置除应符合国家有关环境保护、消防、安全等规定外，还应有良好的排水设施、可靠的电力供应、足够的材料堆放场地并配备实验室；拌合楼还应有防止矿粉飞扬或散失的密封和除尘设备。固定式厂用拌合设备（沥青混凝土或碎石）考虑路面施工的连续性和保温性及沥青混凝土的质量，应考虑以下技术指标：

（1）厂拌沥青混合料设备产量应较大，能满足施工要求；

（2）拌合时间（纯拌合干燥时间）充分，不小于40～50s；

（3）控温性能良好，确保拌合温度要求；

（4）除尘装置齐备且除尘充分少污染；

（5）贮料仓较大（≥100t）且保温性能良好。

具体来说：

（1）一次计量准确且机械合理可以确保目标配合比；

（2）二次计量准确且干燥装置合理可行，配置与室内试验相应的振动方孔筛（筛角与振频合理）以确保生产配合比；

（3）拌合周期不小于55～60s以确保拌合均匀；

（4）设定拌合温度与实测相符，以确保拌合温度及拌合均匀性，防止花白料与成团结块料出现；

（5）为防止泥土等杂物进入成品料，除尘设施要合理配置，最好干、湿除尘双控以确保除尘充分且少污染；

（6）考虑施工各影响因素，配置较大吨位贮料仓且保温良好以确保摊铺连续性保温。

总之，最好选用产量大，少污染，电气化、微机化、机械化程度高且适于（方便）运输的（可移动、可固定）知名品牌间歇式沥青混合料拌合设备。

二、混合料拌合要求

1. 拌合厂应该将集料堆放在硬化的土地上，细集料要加盖棚盖。

2. 拌合厂要选择合理的振动筛筛孔，严格控制将超粒径料排除出去，拌合机要解决漏粉问题，对拌合机的传感器要仔细标定，不得使用称量不准的拌合楼。

3. 沥青混合料的拌合采用间歇式拌合机拌合，拌合机每拌都必须打印沥青及各种矿料的用量及拌合温度，并随时检查打印结果与设定值之间的差值有无大的波动，如有疑问必须立即停止拌合。

4. 拌合前将集料（包括矿粉）充分地烘干，每种规格的集料、矿粉和沥青必须严格按要求的配合比进行配料。

5. 沥青材料采用导热油加热，沥青与矿料的加热温度应调节到能使拌合的沥青混合料出厂温度符合《公路沥青路面施工技术规范》（JTG F40—2004）的要求。

6. 要注意目测检查混合料的均匀性，及时分析异常现象，如混合料有无花白、冒烟和离析等现象。如确认是质量问题，应作废料处理并及时予以纠正。在生产开始以前，有关人员要熟悉本项目所用各种混合料的外观特征，并通过仔细观察室内试拌的混合料而取得。

7. 每天上、下午各取一组混合料试样做马歇尔试验和抽提筛分试验，检验油石比、矿料级配和沥青混凝土的物理力学性质。

8. 每周分析一次检测结果，计算油石比、各级矿料通过量和沥青混凝土物理力学指标检测结果的标准差和变异系数，检验生产是否正常。

三、拌合控制

1. 拌合时间控制

沥青混合料拌合时间应试拌确定，混合料应拌合均匀，所有矿料颗粒应全部裹覆沥青结合料。拌合机每锅拌合时间为 30 ~ 50s（其中干拌时间 ≥5s），拌合的沥青混合料应均匀一致，无花白料，无结团结块或严重的粗细集料分离现象。当材料的规格或配合比发生变化时，应重新根据室内配合比试拌。试拌时抽样检查混合料的沥青含量、级配组成和有关力学性能。如果拌合时间短或搅拌机拌叶脱落都会导致混合料拌合不均匀或温度不均匀，因此应经常检查拌合机拌缸的相关部件，同时保证沥青混合料具有足够的拌合时间，要根据实际情况选择合适的拌合时间，一般不少于45s。

2. 拌合温度控制

拌合温度应结合沥青品种及标号考虑，一般将沥青软化点增加至 110℃ 为拌合的适宜温度。温度太高，混合料在热储仓中储存或运输到现场的过程中沥青会从集料底部泄出，导致沥青含量变化，甚至沥青老化；温度太低，容易引起沥青拌合不均匀，影响压实度和平整度。因此应严格掌握沥青和集料的加热温度以及沥青混合料的出厂温度。矿料（不含矿粉）和沥青的加热温度为：

矿料：160～180℃；

沥青：160～170℃；

混合料的出厂温度：140～160℃。

凡不符合上述温度的混合料决不出厂。过度加热的混合料或已经碳化、起泡和含水的混合料都应废弃。每车料在出厂时均需检测温度。

3. 拌合中离析的控制

（1）我国普遍采用间歇式拌合机，拌合厂在拌合不同层位的不同粒径的混合料时本应该采用不同的振动筛筛孔，但经常是不同层位的混合料穿插进行拌合，便不可能采用不同的筛孔了，这样势必影响混合料的级配，尤其是拌合上层较细的混合料时超粒径料的排出往往不能实现。若沥青搅拌机中振动筛局部发生破裂，会使混合料中混有部分超规格大粒径集料，因而应对其经常检查，必要时更换振动筛。

（2）除矿料级配的影响因素以外，沥青混合料的拌合温度和拌合时间是影响混合料均匀性的两个主要因素。配合比经过调试确定后，在生产过程中不得随意变动，同时还应随时观察拌出混合料的外观，除颜色均匀一致，无花白颗粒外，还应检查混合料粗细颗粒是否分布均匀，有无粗细料分离现象，如有分离现象应及时调整拌合温度和适当延长拌合时间。同时应视天气情况保证沥青混合料的出厂温度，并在控制范围内适当调整。

第五节　沥青混合料的运输

一、车辆的选择

对沥青混合料运输的基本要求是确保混合料的保温，不离析且具有足够的运量。应采用大吨位的自卸车运输，车辆数量应与摊铺机数量、摊铺能力、运输距离相适应，在摊铺机前应形成一个不间断的供料车流，运输车辆数量的确定按下列公式计算。为便于卸料，运输车车厢的底板和侧板应均匀涂抹一层隔离剂，一般采用油水混合物（柴油∶水 = 1∶3），并擦净积存的余液。

$$需要车辆数 = 1 + (t_1 + t_2 + t_3) / T + a$$

式中　T——沥青混合料拌合与装车所需时间，min；

　　　t_1——运到摊铺现场所需时间，min；

　　　t_2——由摊铺现场返回拌合厂所需时间，min；

　　　t_3——在现场卸料和其他等待时间，min；

　　　a——备用的车辆数。

二、防止离析措施

1. 装料过程中离析控制

在沥青拌合站中若使用备料仓，在将备料仓中的成品料往运料汽车上开仓放料时，由于重力及高度的原因，大集料克服沥青的粘附力下滑在车厢两边及前后位置，形成集料的第 1 次集中。为改变这种情况，则须注意装车时采用多位置装车，即在每放 1 斗料时挪动一下运料汽车的位置，按照前、后、中的位置装车，这样，在向自卸车卸料时，大集料和小集料可以再次混合，减少集料离析现象。

2. 卸料过程中离析控制

在沥青混合料运至现场后，运料车卸料时，运料车应在离摊铺机 10 ~ 30cm 处停住，卸料时运料车挂空挡，缓慢起升车厢卸料，使混合料整体下滑，以防将混合料猛然卸入摊铺机料斗，大集料向外侧滚动和堆积，造成混合料离析。在运料车卸完料刚离开，而下一辆运料车尚未到位时，摊铺机料斗一般不宜频繁收拢（为防止沥青混合料粘在上面，隔一段时间收拢 1 次），须在料斗中的刮料板尚未露出而存有 0.5m 厚的热料时收拢料斗，且应做到料斗两翼恢复原位时，下辆运料车开始卸料，做到连续供料，避免热料集中，导致沥青混合料的离析。

3. 运输过程中离析控制

运输过程中的颠簸，也可造成大粒径集料的集中，同时，由于运输过程中料堆表面与空气接触，温度下降较快，而料堆中心温度下降较慢，因此形成温度离析。所以，在为搅拌场地选址时，要尽量使搅拌场地与摊铺现场距离不要太远。同时，应适当平整运输通道，降低行驶速度，使运输过程中尽量减少颠簸；对料堆要采取保温措施（尤其是较长距离的运输），降温的程度与天气、环境条件（风、温度）、混合料类型、车载厚度有密切的关系，混合料加盖苫布对减轻温度离析有很大好处。每车混合料应进行温度测试，并填写随车单。

第六节　沥青混合料的摊铺

一、摊铺工艺

1. 摊铺前准备工作

(1) 铺筑沥青混合料前，应检查确认基层的质量。当基层质量不符合要求，或未按规定洒布透层、粘层、铺筑下封层时，不得铺筑沥青面层。

(2) 摊铺热拌沥青混合料，对高速公路和一级公路宜采用 2 台以上摊铺机成梯队作业进行联合摊铺，相邻两幅的摊铺应有 5~10cm 左右宽度的摊铺重叠，前后摊铺机相距约 10~30m。

（3）调平系统的选择。在摊铺下面层时，应当采用钢丝绳作为基准，钢丝绳直径 2～3mm，每根长 200～300m，摊铺机的传感器在钢丝绳上滑行，控制路面的高程、纵横坡。在摊铺中、上面层时，宜采用平衡梁作为基准，目前平衡梁有接触式和非接触式 2 种，非接触式又有声纳和激光等形式。

（4）面层磨耗层采用自找平法，即锁定摊铺机两侧的仰角油缸或关闭自动找平装置，使其稳定在一定的数值，不再发生变化，以保证铺筑厚度不变。进入自找平法工作以前，仍须按基准线法进行 50～100m 过渡性铺筑，再反复检查标高、厚度、横坡等无多大变化时，再进行铺筑。此时摊铺机作业要均匀连续，严禁停机待料。

（5）接缝处理。横向和纵向接缝的摊铺和压实对整个路面的质量和外观至关重要。在已铺好的沥青路面旁再铺另一条时，熨平板的高度一定要小心调整，给后面的压实留有余量。例如，未压实材料层应比压实层厚 15%～20%。接缝作业中，纵向找平装置对保证相邻路面的接缝配合是很有用的。连接处的重叠部分最好为 25～50mm。接缝最好不要产生倾斜，这样便于保证精确摊铺。若要获得光滑的横向接缝，摊铺机熨平板应该预先放在接缝前的混合料层顶部。当摊铺机开始工作时，作用在熨平板上的力应当处于平衡状态，只有螺旋布料器输出足够的混合料时，摊铺机才能前进。为了确保接缝处的良好结合，外表面应该采用封层。

（6）及时人工修补。在摊铺过程中加强目测控制，对出现的洞眼和离析现象及时进行人工修补，在初压前人工筛撒适量热沥青混合料再进行常规碾压，这不仅不影响面层平整度，外观上也不会留下任何痕迹。

2．摊铺方法

（1）标高控制法摊铺

　　为了确保沥青面层的标高，下面层摊铺层采用两侧钢丝引导的高程控制方法摊铺。施工中严格控制测量架上钢丝顶点的标高，以确保下面层的高程和平整度。

　　(2) 厚度控制法摊铺

　　对于中、上面层摊铺采用摊铺层前后保持相同高差的"雪橇式"摊铺厚度控制法施工，采用进口或国产移动式自动找平基准装置。由于基准装置的雪板和橡胶轮均能上、下自由伸缩，因而可消除下承层和摊铺层表面的局部不完整，使基准装置的中部在摊铺过程中一直保持在设计纵坡相应的高程上。由于它与摊铺机的自动调解摊铺厚度装置联合作用，使摊铺机既达到了设计标高和要求的摊铺厚度，又提高了摊铺的平整度。

　　实践表明：钢丝引导控制方式能确保摊铺层的高程，但对于提高摊铺层平整度，不如移动式基准装置控制方式的效果好。

　　3. 摊铺控制

　　(1) 摊铺宽度

　　摊铺宽度主要依据路面幅度、公路等级、机械配套情况、施工组织管理以及施工习惯等多方面因素来确定。一般采用两种方式：路面全幅宽一次性摊铺完成和路面全幅宽二次摊铺完成。二次摊铺多采用梯队形摊铺施工法，即前面 1 台摊铺机先完成一半路幅的摊铺，在相距一定距离（10～30m）处，用另一台摊铺机完成另一半幅的摊铺作业。这是国内外广泛采用的摊铺方式之一。

　　应严格控制摊铺机铺筑宽度，一般不宜超过 6～8m，以采用两台摊铺机梯队作业为好。

　　(2) 摊铺厚度

　　摊铺厚度应为设计厚度乘以松铺系数。沥青混合料的松铺系数应根据实际的混合料类型、施工机械和施工工艺等，由试铺试压方法或根据以往实践经验确定，也可按表 2-2 的松铺系数选用。摊铺过程中，应随时检查摊铺层厚度及路拱、横坡，并按下式由使用的混合料总量和面积来计算检验平均厚度，不符合要求时应根据铺筑情况及时进行调整。

<table>
<tr><td colspan="3" align="center">沥青混合料松铺系数</td><td>表2-2</td></tr>
<tr><td align="center">种 类</td><td align="center">机械摊铺</td><td colspan="2" align="center">人工摊铺</td></tr>
<tr><td align="center">沥青混凝土混合料</td><td align="center">1.15 ~ 1.35</td><td colspan="2" align="center">1.25 ~ 1.50</td></tr>
<tr><td align="center">沥青碎石混合料</td><td align="center">1.15 ~ 1.30</td><td colspan="2" align="center">1.20 ~ 1.45</td></tr>
</table>

$$T = 100M / (D \times L \times W)$$

式中 T——摊铺压实成型后的平均厚度，cm；

      M——摊铺的沥青混合料总质量，t；

      D——压实成型后沥青混合料的密度，t/cm^3；

      L——摊铺段长度，m；

      W——摊铺宽度，m。

（3）摊铺速度

摊铺机的作业速度对摊铺机的作业效率和摊铺质量影响很大，正确选择作业速度，是加快施工进度、提高摊铺质量的重要手段。在摊铺过程中，不应随便改变摊铺机的摊铺速度，更应避免中途停机，要严格控制摊铺速度，确保慢速、均匀、不间断地摊铺。

如果摊铺机时快时慢、时开时停，将导致熨平板受力系统平衡变化频繁，会对路面平整度和压实度产生很大的影响。摊铺机停机时即便熨平板液压缸锁死，也会使摊铺面形成台阶，再次启动时，自动调平系统也需要一段距离才能恢复正常，这都严重影响平整度。选择摊铺速度的原则是保证摊铺机连续作业，一方面要考虑供料能力，包括拌合站生产能力和运料车运输能力；另一方面要考虑混合料的类型、温度和路面的宽度、厚度。摊铺机的速度可通过下面公式求得，并应符合 2~6m/min 的要求。

$$V = 100QC/（60D \times W \times T）$$

式中　V——摊铺机摊铺速度，m/min；

　　　Q——拌合机产量，t/h；

　　　D——压实成型后沥青混合料的密度，t/cm³；

　　　W——摊铺宽度，m；

　　　T——摊铺层压实成型后的平均厚度，cm；

　　　C——效率系数，根据材料供应、运输能力等配套情况确定，宜为 0.6~0.8。

（4）摊铺温度

摊铺施工时，混合料的温度一般应控制在 130~165℃，根据气候情况适当调整，气温偏低时应取上限。如果混合料温度高于 185℃，则会由于高温导致沥青老化、焦化（这时通常会看到沥青混合料冒青烟），从而使其粘聚性、延度降低，造成混合料粘结力大打折扣，摊铺出来的路面易出现离析、松动。

二、摊铺中离析控制

1. 离析产生原因

沥青混合料摊铺机在摊铺混合料过程中造成混合料不均匀或离析的原因有：

（1）混合料从运料车卸到摊铺机的过程中，一定程度上会产生粗细集料的分离，如果运料车与摊铺机产生碰撞，会影响摊铺机后混合料的用量和密度；

（2）混合料卸到摊铺机料斗中以后，中间的混合料进入摊铺机的速度快，两边的混合料可能会停留相当时间，直至两侧的挡板立起才将混合料折向中间，这期间，两侧的混合料比中间的混合料的温度要低得多，从而使铺到路面的混合料的温度不一样；

（3）摊铺机的螺旋拨料器在向两侧摊铺时也会产生离析，在加长的接头部位，如果调整不好，往往会有一个不平顺的坎，摊铺的混合料在这里往往会离析；

（4）摊铺机摊铺宽度越长，混合料的离析越严重，现在许多高速公路为了提高平整度而采取全幅摊铺的方式，是造成混合料离析的主要原因。

2. 离析控制措施

（1）在摊铺宽度较大时，应采用多幅摊铺的方式，尽量减少摊铺机宽度，每幅宽最好不超过 6~7m，采用多机梯队作业方式，减少每台摊铺机输料器的输送距离与输送量，这样可以降低离析。

（2）在进行摊铺施工时，应由专人测量混合料的温度，一般应将温度控制在 130~165℃，根据气候情况适当调整，气温偏低时应取上限。

（3）摊铺机产生离析的主要影响点在螺旋输料器向两侧分料的过程，所以应尽量采用具有大直径、低转速螺旋输料器（低速大扭矩电机）摊铺机；降低螺旋输料器的高度，并使混合料的高度超过螺旋输料器（即满埋输料器），这样可以提高螺旋输料器的输送率；降低转速，减少不同物料颗粒之间的惯性差异，同时因为输料器埋入混合料中，可以对物料实现二次搅拌，降低前期离析程度；两侧混合料高度始终保持熨平板的 2/3 高度，位于混合料中的输料器向两侧沿整个断面挤出物料时，不至于向上或向下倾堆物料，这样可以减少不同位置的横向离析和物料上下滚动产生的纵向离析；螺旋输料器上部不暴露在空气中，也不会由于上抛而产生面层离析。

（4）根据材料的种类尽可能低地调整螺旋前面挡料板下沿的离地间隙，减少粒料向下承层表面滚落，避免摊铺层下层的粗集料过多，减少摊铺层上下部分的离析。

（5）在摊铺前，应将摊铺机的熨平板预热到60℃以上，否则，容易使混合料粘附在熨平板下面，造成摊铺表面出现拖痕，粗细集料出现明显的离析现象。

（6）摊铺宽度较大时，在摊铺中，对表面层出现的离析现象应及时补救。如采用人工细筛的方法，筛出适量细沥青混合料洒在出现离析的表面层，并及时碾压，这样可以缓解离析的影响。

第七节　沥青混合料的碾压

沥青混合料的压实是保证沥青面层质量的重要环节，应选择合理的压路机组合方式及碾压步骤，以保证摊铺层达到规定的压实度和表面的平整度。

一、碾压机具

碾压是沥青面层施工的重要工序，对路面平整密实与否产生直接影响，碾压设备就显得非常重要，碾压设备的选用应引起高度重视：

1. 应选用自重较大（≥10~12t）、宽度较大（1.5m左右）的钢轮压路机和自重20~30t、宽度1.5~2.0m左右的胶轮压路机；

2. 钢轮压路机可同时静压或振压，振频应根据沥青混合料类型和摊铺层厚可多档调整；

3. 钢轮压路机驾驶操作盘整体可360°全方位调位，胶轮压路机应左右舵可调，无论钢轮或胶轮，最好都能声控或光控与边桩（或其他参照物）的距离以确保前进方向平直和达到应碾压宽度；

4. 压路机都应双驱行驶，大吨位胶轮压路机确实无双驱，也应合理设置分轴，每排胶轮一定不能单轴设置；

5. 碾压机具要配套使用，遵循"轻、重、轻"的原则。

二、碾压工艺

1. 碾压程序

当摊铺完成后立即检查其平整度、松铺标高及横坡，符合质量要求后，压路机随后进行碾压。沥青混合料的压实应按初压、复压、终压（包括成型）3 个阶段进行。压路机应以慢而均匀的速度，从低处开始向高处碾压，每次碾压轮迹重叠 1/3 轮宽左右。

（1）初压：初压阶段由于沥青混合料在摊铺机的熨平板前已经初步夯击压实，刚摊铺成的混合料的温度较高（常在 110～140℃左右），通常用轻型振动压路机以 2km/h 左右速度进行碾压 2～3 遍。而且必须紧跟摊铺机，初压温度不低于 130℃。驱动轮在前静压匀速前进，后退时沿前进碾压轮迹进行振动碾压。也可以用组合式钢轮—轮胎（4 个等间距的宽轮胎）压路机（钢轮接近摊铺机）进行初压。前进时静压匀速碾压，后退时沿前进碾压轮迹行驶并振动碾压。在初压成型后由专人用 3m 直尺进行测量，必要时予以调整。

（2）复压：复压阶段至少要达到规定的压实度，复压应该在较高温度下并紧跟在初压后面进行。通常采用双轮振动压路机（振动压实）或重型静力双轮压路机和 16t 以上的轮胎压路机先后进行碾压，碾压遍数应按试验段所碾压遍数确定，通常不少于 4～6 遍。复压终了温度不得低于 110℃。另外轮胎压路机在碾压时不应洒水，以免沥青料降温太快，不利于路面的碾压成型。

（3）终压：终压阶段是消除缺陷和保证面层有较好平整度的最后一步。终压应紧跟在复压之后进行，沥青混合料也需要有较高的温度。终压采用双筒钢轮式压路机不加振静压2遍，清除轮迹，确保表面的平整度，终压结束时的温度不应低于沥青面层施工规范中规定的70℃，应尽可能在较高温度下结束终压。路面未冷却前，不得停放任何机械设备或车辆，不得散落矿料、油料等杂物。

在施工中应组织好初压、复压和终压的相互衔接，应采用同类压路机并列成梯队压实。

2. 接缝碾压

（1）横行接缝的碾压：先用双轮压路机横向（即垂直于路面中心线）碾压，碾压的路面边缘应放置供压路机停放的垫木，碾压时压路机应位于已压实的混合料层上，伸入新铺层的宽度为15cm，然后每压一遍向新铺混合料移动15～20cm，直至全部压到新铺层上为止，横向接缝碾压时要用3m直尺检测并调整碾压的位置，使接缝顺平，然后进行正常的纵向碾压。

（2）纵向接缝的碾压：压路机先在已压实路面上行走，同时碾压新铺混合料10～15cm，然后碾压新铺混合料，同时跨过已压实路面10～15cm，将接缝碾压密实。

3. 碾压规则

为保证碾压作业始终在混合料处于稳定的状态下进行，碾压作业应按下述规则进行：由下而上（沿纵坡和横坡）；先静压后振动碾压；初压和终压使用双轮压路机，初压可使用组合式钢轮—轮胎压路机，复压使用振动压路机和轮胎压路机；碾压时驱动轮在前，从动轮在后；后退时沿前进碾压的轮迹行驶。

压路机线路呈阶梯形；尚未冷却的沥青混凝土层面上不应停放施工设备（包括临时停放压路机），以免产生形变；压实成型的沥青面层完全冷却后才能开放交通。不得在新铺沥青混合料上转向、调头或刹车，不得在横向边缘进行，以保证平整度，压路机碾压速度应符合要求。压路机需加水、加油或休息时应停放在终压完成的路段上。

4. 碾压控制

（1）碾压速度

碾压时一定要控制好压路机的行进速度，宜慢不宜快。初压时，压路机在静压状态下按 1.5~2.0km/h 的速度进行碾压；复压和终压时，其速度为 2.5~3.5km/h；当复压加振动时，速度可提高至 4~5km/h。压路机碾压速度不均匀、急刹车和突然启动、随意掉头转向、在已碾压成型的路面上停置而不关闭振动装置等都会引起路面推移；在未冷却的面层上停机会出现陷槽。

（2）碾压温度

初压温度过高，压路机的轮迹明显，沥青料前后推移大，不稳定；复压温度过高会引起胶轮压路机粘结沥青细料，影响表面级配；温度过低，面层密实度和平整度达不到要求。在正常施工季节，一般混合料出料温度为 150~160℃，初压温度不低于 125℃，复压时不低于 120℃，终压时不低于 70℃。胶轮压路机碾压时，要控制好碾压温度，避免料温过高严重粘轮影响碾压后的平整度。

（3）碾压长度

压路机的碾压作业长度应与摊铺机的摊铺速度相平衡，随摊铺机向前推进，碾压段一般控制在 30~50m，在保证碾压温度的前提下，应尽量延长碾压段落。

（4）碾压遍数

初压次数为 1 遍（7~12t 双钢轮压路机静压），复压次数为 4~6 遍（10~13t 双钢轮压路机小振 2~3 遍，20~25t 轮胎压路机碾压 2~3 遍），终压次数为 1 遍（16t 双钢轮压路机静压），整个碾压过程为 6~8 遍。除复压可采用加振动措施外，初压和终压不得振动，碾压过程及完成后压路机不得停放在温度高于 70℃ 的混合料上面。碾压次数不够，即压实不足，交通量过大会形成车辙；碾压次数太多，短时间集中重复碾压，造成已成型路面的推移，形成龟裂、波浪，因此应控制好碾压遍数。

（5）压实度

压实度对沥青混凝土面层的接缝有着决定性的作用，所以要掌握好沥青混凝土经摊铺后温度下降 4~5℃/min 的规律，控制好各碾压过程中的施工工艺和作业时间，规范碾压规程，提高路面压实度标准，增加压路机压实功能，控制压路机碾压速度，从而减少接缝处的孔隙率，增加密实度提高路面平整度。

（6）要对初压、复压、终压段落设置明显标志，便于驾驶员辨认。对松铺厚度、碾压顺序、碾压遍数、碾压速度及碾压温度应设专岗检查。压实完成后，混合料表面方能允许施工车辆通行。

第八节　接　缝　处　理

接缝处理是沥青面层施工工序中的重要一环，包括纵向接缝和横向接缝。接缝处理不好，易在接缝处产生凹凸，致使平整度不良，造成接缝跳车；或由于接缝处压实度不够和结合强度不足而产生裂纹。

一、纵向接缝

纵向接缝有热接缝和冷接缝两种，目前，高速公路均采用热接缝，部分一级公路和其他公路因设备配备、施工能力及场地条件（如养护改善工程要求半封闭施工，确保通车）的限制多用冷接缝。

1. 热接缝即使用两台以上摊铺机成梯队同步摊铺沥青混合料，此时两条相邻摊铺带的混合料都处于压实前的热状态，所以纵向接缝易于处理，且连接强度好。热接缝施工应注意以下几点：

（1）两台摊铺机的结构参数和运行参数应调整相等（最好选择同品牌、同型号、同性能的摊铺机）。

（2）相邻两幅的摊铺应有 5～10cm 宽度的摊铺重叠。

（3）相邻两台摊铺机同时摊铺时，应采用梯形作业，前后距离宜为 5～10m，且不得造成前面摊铺的混合料冷却，应使沥青混合料在高温状态下相接。

（4）后一台摊铺机靠接缝一侧宜拖一热熨斗，后者跨接缝行走，熨平接缝。

（5）上下铺层的纵向接缝应错开 15cm 以上，表面层的纵缝应顺直，且宜设在路面标线位置上。

2. 热铺层与冷料层的相接称冷接缝，当半幅施工不能采用热接缝时方采用。可以在先摊铺带的靠接缝一侧设置挡板，挡板的高度与铺筑层的压实厚度相同，以使压实边部能形成垂直面。在不设挡板的情况下，碾压边部会成为一斜面，且斜面部分的沥青混合料压实度不符合要求，在摊铺相邻带之前，应将呈斜面部分切除，保证其有一个规则的垂直面：切割后，应立即用水冲洗去粉状污物，以防干后粘于垂直面上影响粘结，待干燥，涂洒少量均匀粘层沥青后方能进行相邻带的沥青混合料的摊铺。开始碾压前铲除大部分重叠的混合料，把重叠范围内的粗料略剔，形成一小斜面，使纵向接缝处在先铺面一侧有不大于 2cm 宽的细料。

碾压时压路机先位于热沥青混合料上，由路边向内侧初压，把混合料向接缝方向推压，使热料能压入相对冷结合边，从而产生较高的结合密实度，同时起到避免压低接缝处的作用。距接缝处 1m 停压；另一台双钢轮压路机（振动型最好）至冷料层上，轮宽先 10～15cm 左右在热料层上初压，再逐渐移向热料层，然后整体跨缝振动复压接缝处。若接缝处局部孔隙过大，则用细料填补，再压，以求接缝密实、平整、美观。

二、横向接缝

横向接缝通常指每天的工作缝或由于正常摊铺过程中遇到特殊情况而致使摊铺中断，情况消除后再开始摊铺的接缝。横向接缝的处理有 3 个要点，即正确的接缝位置、接缝方式和施工方法。

1. 接缝位置

在施工结束时，摊铺机在接近端部约 1m 处将熨平板稍微抬起驶离现场，用人工将端部混合料铲齐后再予碾压。然后用 3m 直尺检查平整度，并找出表面纵坡或铺层厚度开始发生变化的横断面（至少离摊铺沥青混合料尾部约 1m 处），趁尚未冷透时用切割机将此断面切割成垂直面，并将切缝靠端部一侧已铺的不符合厚度平整度要求的尾部沥青混合料全部铲除，与下次摊铺时成平缝连接。

为了便于铲除混合料，可事先在摊铺邻近结束时，在预定摊铺段端约 1m 长的摊铺宽度范围内铺一层牛皮纸、麻袋，再摊铺沥青混合料；或在摊铺前泼洒足量水，以破坏其与基层的粘结，同时在刚铺好未压实的混合料上泼浇足够的水，使其冷却，破坏其整体粘结，然后再碾压密实，待混合料稍冷却后，确定切割位置，切割后将尾部混合料铲除，铲除后需立即对切割面清洗，在下段继续摊铺前，要在完全干燥的切割面上涂刷粘层沥青，以增加接缝处新旧铺筑层间的粘结。

相邻两幅及上、下铺层的横向接缝均应错位 1m 以上。

2. 接缝方式

路面中下层的横向接缝可采用斜接缝，在上面层应采用垂直的平接缝。为保证接缝的压实度、平整度、外容美观，建议均采用平接缝。

3. 施工方法

（1）摊铺。摊铺机起步前应在凉茬上预热 30min 以上，并用温度最高的一车料开始摊铺，这样有利于提高接缝温度，也有利于整平压密接缝处混合料。摊铺时一定要严格控制好松铺系数，不得摊铺过厚。新铺面与已铺的冷料面重叠 5cm 左右，碾压前用耙子或铁锹剔除重叠部分粗料，搂回细料，整平接缝并对齐。

（2）碾压。《公路沥青路面施工技术规范》要求跨缝碾压。压路机大部分钢轮在冷料面上，新铺面第一次压 15～20cm，以后逐渐压向新铺面，振动复压一遍后，用 3～6m 直尺检查，一般情况下，接茬处仍会高一点，然后重点对这个部位再进行横向碾压，一定要控制好不能振低了，同时继续进行纵向碾压的剩余工作，当终压完成后，再次检查，有不合格部位时可用重型压路机找平。

还有一种斜角碾压方法，经施工实践亦能满足要求，达到理想效果。压路机（振动型最好）置冷料面接缝中央，分别两方向与接缝呈 45°角逐渐向两侧平行碾压，使过量的混合料从未压实的料两侧推挤，然后再纵向碾压，在碾压过程中，检验平整度、接缝外观，低凹、离析处可用细料弥补、修饰，以达平整密实效果。

第九节　沥青路面施工质量过程控制

沥青路面的质量控制主要包括以下内容：原材料的质量检验、施工设备的检查及各施工工序中及工序衔接之间的质量控制。

一、施工前的材料与设备检查

1. 原材料的质量检验

原材料的质量和数量是保证路面质量和修建速度的关键因素，目前我国有些沥青路面早期损坏现象严重，材料质量不好是主要原因之一。各建设单位和施工单位必须严格控制和管理原材料的质量，杜绝使用伪劣材料或弄虚作假。

原材料的质量控制包括：确定原材料的来源、材料质量和规格、数量、供应计划、运输体系、材料堆放场地及储存条件。施工单位应在施工准备阶段进行上述工作，在确定合适的料场或料源后，不得轻易更换。

施工前材料的质量检查应以同一料源、同一批购入并运至现场的相同规格品种的集料或沥青为一"批"进行检查。粗集料的主要检验内容为：石料岩性、针片状颗粒含量、含泥量、级配组成、压碎值、磨光值、洛杉矶磨耗值、含水量和堆积密度等；细集料的检测内容为：级配组成、含水量和堆积密度；矿粉的主要检测内容为：外观、小于 0.075mm 颗粒含量和含水量等；道路石油沥青的主要检测内容为：针入度、软化点、延度和蜡含量等。每"批"材料的质量均应符合设计要求。

2. 设备检查

机械设备是保证沥青路面质量的另一个重要因素。国外对施工机械设备的要求很具体，并有着专门的规范。我国目前国产机械型号复杂，质量好坏差别很大，应严格检查与管理。在施工前必须对沥青混合料拌合、沥青路面施工现场的施工机械、设备配套情况、性能、计量精度等进行认真细致的检查。

沥青洒布车的主要检查部位为：油泵系统、洒布管道、量油表和保温设备，在正式施工前应先行试洒，以校核洒布量。

集料撒布机的检查机械为传动系统和液压调节系统，并进行试撒。

混合料拌合机宜进行全面检查，包括拌合机的称量系统、测温装置、沥青输送管道、电器系统和机械传动装置等。

混合料摊铺机的主要检查机构为：振捣板、振动器、熨平板、螺旋摊铺器和自动找平装置等。

压路机的规格、质量、振动力、碾压轮表面磨损情况等。

3. 铺筑试验路段

二、施工过程中的质量管理与检查

沥青路面的施工必须得到主管部门的开工令后才可以开工。为了确保沥青路面施工质量，在沥青面层施工过程中，应有专职的质量检测机构负责施工质量的检查与试验，认真地做好每一道工序的质量检测工作。

1. 材料的质量管理与检测

在施工过程中，应对每批原材料的性能进行抽查，材料检查是在材料进场时已按"批"检查过，并得到批准的基础上进行的，以确定其质量稳定性（变异性）。检测项目与频度不应少于表2-3的规定。表2-3中的"必要时"是指施工单位、监理、质量监督部门、业主等部门对材料的质量发生怀疑，提出需要检查时，或是指根据需要商定的检查频度。

施工过程中材料的质量检查内容与频度　　　表 2-3

材料	检查项目	检查频度		实验规程规定的平行试验次数或一次试验的试样数
		高速公路一级公路	其他等级公路	
粗集料	外观（石料品种、含泥量等）	随时	随时	—
	针片状颗粒含量	随时	随时	2 ~ 3
	颗粒组成（筛分）	随时	必要时	2
	压碎值	必要时	必要时	2
	磨光值	必要时	必要时	4
	洛杉矶磨耗值	必要时	必要时	2
	含水量	必要时	必要时	2
细集料	颗粒组成（筛分）	随时	必要时	2
	砂当量	必要时	必要时	2
	含水量	必要时	必要时	2
	松方单位重	必要时	必要时	2
矿粉	外观	随时	随时	—
	<0.075mm 含量	必要时	必要时	2
	含水量	必要时	必要时	2
石油沥青	针入度	每 2 ~ 3d 1 次	每周 1 次	3
	软化点	每 2 ~ 3d 1 次	每周 1 次	2
	延度	每 2 ~ 3d 1 次	每周 1 次	3
	蜡含量	必要时	必要时	2 ~ 3
改性沥青	针入度	每 d 1 次	每 d 1 次	3
	软化点	每 d 1 次	每 d 1 次	2
	离析试验（对成品改性沥青）	每周 1 次	每周 1 次	2
	低温延度	必要时	必要时	3
	弹性恢复	必要时	必要时	3
	显微镜观察（对现场改性沥青）	随时	随时	—

续表

材料	检查项目	检查频度		实验规程规定的平行试验次数或一次试验的试样数
		高速公路一级公路	其他等级公路	
乳化沥青	蒸发残留物含量	每2~3d 1次	每周1次	2
	蒸发残留物针入度	每2~3d 1次	每周1次	2
改性乳化沥青	蒸发残留物含量	每2~3d 1次	每周1次	2
	蒸发残留物针入度	每2~3d 1次	每周1次	3
	蒸发残留物软化点	每2~3d 1次	每周1次	3
	蒸发残留物延度	必要时	必要时	3

2. 施工现场的质量检查内容

施工过程中的质量检查内容包括工程质量及外形尺寸两部分，检查应随时进行，才能保证交工后抽样检查完全合格。当检查结果达不到规定要求时，应追加检测数量，查找原因，作出处理。

（1）沥青混合料拌合厂

在拌合厂必须对沥青混合料质量进行检测，包括沥青混合料拌合均匀性、拌合温度、出厂温度及各个料仓的用量等，并对取样进行马歇尔试验，检测混合料的级配和沥青用量，以保证矿质混合料级配与设计级配相似，还应经常对拌合机的称量系统装置进行检查标定。

（2）混合料的铺筑现场

在沥青混合料的铺筑现场，应随时检测施工温度、摊铺厚度、压实厚度、压实度和平整度，并目测沥青混合料的均匀性。

施工厚度除应在摊铺及压实时量取，并测量钻孔试件厚度，还应校验由每天的沥青混合料生产总量与实际铺筑面积计算出的平均厚度。

　　沥青路面压实度的检查以钻芯取样为准，用核磁密度仪检查时应通过与钻孔试件密度的标定关系进行换算，并增加检测次数。当钻孔检验的各项指标持续稳定并达到质量控制要求时，经主管部门批准，钻孔数量可适当减少，增加核磁密度仪检测数量，并严格控制碾压工艺。

　　（3）施工质量控制标准

　　沥青路面施工过程中过程质量检测项目、检查频度、质量控制标准列于表2-4和表2-5中。

沥青表面处治及贯入式路面施工过程中质量控制标准　表2-4

路面类型	项目	检查频度	质量要求允许偏差	试验方法
沥青表面处治	外观	随时	集料嵌挤密实，沥青洒布均匀，无花白料	目测
	集料及沥青用量	每日1次逐日评定	±10%	T 0982
	沥青洒布温度	每车1次评定	符合规范规定	温度计测量
	厚度	不少于每2000m²一点，逐点评定	−5mm	T 0912
	平整度	随时，以连续10尺的平均值评定	10mm	T 0931
	宽度	检测每个断面逐个评定	±30mm	T 0911
	横坡度	检测每个断面逐个评定	±0.5%	T 0911

续表

路面类型	项目	检查频度	质量要求 允许偏差	试验方法
沥青贯入式路面	外观	随时	集料嵌挤密实，沥青洒布均匀，无花白料	目测
	集料及沥青用量	每日1次总量评定	±10%	T 0982
	沥青洒布温度	每车1次逐点评定	符合规范规定	温度计测量
	厚度	每2000m² 一点逐点评定	−5mm 或设计厚度的8%	T 0912
	平整度	随时，以连续10尺的平均值评定	8mm	T 0931
	宽度	检测每个断面	±30mm	T 0911
	横坡度	检测每个断面	±0.5%	T 0911

热拌沥青混合料路面施工过程的质量控制标准　　表 2-5

项目		检测频度	质量要求或允许偏差		试验方法
			高速公路一级公路	其他等级公路	
外观		随时	表面平整密实，不得有轮迹、裂缝、油丁、油包、离析、花白料现象		目测
接缝		随时	紧密平整、顺直、无跳车		目测
		逐条缝检测评定	3mm	5mm	T 0931
施工温度	摊铺温度	逐车检测评定	符合设计标准		T 0981
	碾压温度	随时	符合设计标准		温度计测量

项目		检测频度	质量要求或允许偏差		试验方法
			高速公路 一级公路	其他等 级公路	
厚度	每一层次	随时，厚度50mm以下 厚度50mm以上	设计值的5% 设计值的8%	设计值的8% 设计值的10%	施工时插 入法量测 松铺厚度 及压实 厚度
	每一层次	1个台班区段的平均值 厚度50mm以下 厚度50mm以上	−3mm −5mm	—	总量检测
	总厚度	每2000m² 一点单点评定	设计值的−5%	设计值的−8%	T 0912
	上面层	每2000m² 一点单点评定	设计值 的−10%	设计值 的−10%	
压实度		每2000m² 检查1组 逐个试件评定并 计算平均值	实验室标准密度的97%（98%） 最大理论密度的93%（94%） 试验段密度的99%（99%）		T 0924 T 0922
平整度 （最大 间隙）	上面层	随时，接缝处单杆评定	3mm	5mm	T 0931
	中下面层	随时，接缝处单杆评定	5mm	7mm	T 0931
平整度 （标准 差）	上面层	连续测定	1.2mm	2.5mm	T 0932
	中面层	连续测定	1.5mm	2.8mm	
	下面层	连续测定	1.8mm	3.0mm	
	基层	连续测定	2.4mm	3.5mm	
宽度	有侧石	检测每个断面	±20mm	±20mm	T 0911
	无侧石	检测每个断面	不小于 设计宽度	不小于 设计宽度	

续表

项目	检测频度	质量要求或允许偏差		试验方法
		高速公路 一级公路	其他等 级公路	
纵断面高程	检测每个断面	±10mm	±15mm	T 0911
横坡度	检测每个断面	±0.3%	±0.5%	T 0911
沥青层层面上的 渗水系数，不大于	每1km不少于5点， 每点3处取平均值	300mL/min（普通密集配 沥青混合料） 200mL/min（SMA混合料）		T 0971

　　施工单位的检测结果应按 1km（公路）或100m（城市道路）为单位整理成表。道路施工的关键工序或重要部位宜拍摄照片或进行录像，并作为实态记录保存。当发现异常时，应停止施工，分析原因，找出影响因素，并采取措施，经主管部门同意后方可复工。

三、施工质量动态管理方法

　　1. 质量指标的统计参数
　　为了对沥青路面施工过程进行有效的控制，在路面工程的施工过程中，必须进行试验结果的分析与评价。施工单位应建立工程质量数据库，随时将质量检测结果输入数据库。在质量检测过程中，可按照施工周期或道路长度，对质量检测数据进行整理和分析，计算各项质量检测值的平均值（期望值）$\bar{X}$、极差 R、标准差 S 及变异系数 C_v 等统计参数。
　　2. 工程质量管理图的建立
　　施工质量管理图是以日期或试件编号为横坐标，试验结果统计参数为纵坐标而绘制的。常用的质量管理图为试验指标的平均值和极差管理图（$\bar{X} - R$ 图，见图2-2）的方法，该管理图可供各有关人员随时检查。

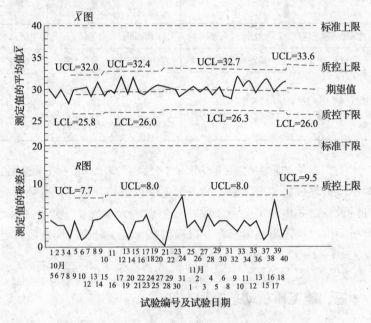

图2-2　工程质量指标管理图

（1）质量控制指标值的确定方法

在 $\bar{X}—R$ 质量管理图中以平均值重作为中心线 CL，标出质量控制上限 UCL 和质量控制下限 LCL，UCI－LCL 表示允许的施工正常波动范围，见图2-2。当试验数据超出质量控制上、下限范围时，应视为施工异常或试验数据异常。

在 $\bar{X}$ 图中，CL、UCL、LCL 按照公式（9-1）~式（9-3）计算。

$$CL = \bar{\bar{X}} \tag{9-1}$$

$$UCL = \overline{\overline{X}} + A_2\overline{R} \qquad (9\text{-}2)$$

$$LCL = \overline{\overline{X}} - A_2\overline{R} \qquad (9\text{-}3)$$

在 R 图中，CL、UCL、LCL 按照式（9-4）、式（9-5）和式（9-6）计算。

$$CL = \overline{R} \qquad (9\text{-}4)$$

$$UCL = D_4\overline{R} \qquad (9\text{-}5)$$

$$L = D_3\overline{R} \qquad (9\text{-}6)$$

式中　　CL——$\overline{X}$ – R 管理图中的中心线；

　　UCL——$\overline{X}$ – R 管理图中的质控上限；

　　LCL——$\overline{X}$ – R 管理图中的质控下限；

　　$\overline{\overline{X}}$——一个阶段各组检测结果平均值的平均值；

　　$\overline{R}$——一个阶段各组检测结果极差 R 的平均值；

A_2、D_3、D_4——由一组检测结果的试验次数决定的管理图用的系数，其值应按表 2-6 确定。

质量管理图用系数表　　　　　　表 2-6

一组检测结果的试验次数 n	d_2	d_3	A_2	D_4	D_3
2	1.128	0.853	1.880	3.267	
3	1.693	0.888	1.023	2.575	
4	2.059	0.880	0.729	2.282	
5	2.326	0.864	0.577	2.115	
6	2.534	0.848	0.488	2.004	
7	2.704	0.833	0.419	1.924	0.076
8	2.847	0.820	0.373	1.864	0.136
9	2.970	0.808	0.337	1.816	0.184
10	3.087	0.797	0.308	1.777	0.233
∞			$\dfrac{3}{d_2\sqrt{n}}$	$1+3\dfrac{d_3}{d_2}$	$1-3\dfrac{d_3}{d_2}$

（2）质量标准上限

在 $\overline{X} - R$ 管理图上标出设计要求的或规范规定的质量标准或允许差范围，见图 2-2 中的标准上限。当检测试验结果超出此范围时，即施工不合格时，应予以及时处理。

（3）质量直方图或正态分布曲线图

施工单位还可以随着工程的进展，绘制施工质量直方图或正态分布曲线图，见图 2-3。当发现标准差或变异系数有显著增大趋势时，应分析原因，及时研究解决对策。

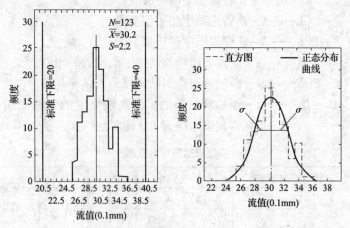

图 2-3　工程质量检测结果的直方图及正态分布曲线图

3. 施工总结

施工结束后，施工单位宜汇总全部数据，计算平均值、标准差及变异系数，绘制整个工程的施工质量直方图或正态分布曲线，作为下一个工程的企业管理目标。

四、沥青路面压实度的控制方法

1. 压实度的计算

沥青面层的压实度按式（9-7）计算。

$$K = \frac{D}{D_0} \times 100 \ （\%） \tag{9-7}$$

式中 K——沥青面层某一测定部位的压实度，%；

　　D——由试验测定的沥青混合料实际压实密度，g/cm^3；

　　D_0——沥青混合料的标准密度，g/cm^3。

沥青混合料的标准密度 D_0 以沥青拌合厂取样试验的马歇尔密度为准。沥青拌合厂必须按照要求每天取样 1 次，或上下午各取样 1 次进行马歇尔试验，测定试件的密度，以实测的马歇尔试验密度（试件数不少于 4~6 个）的平均值作为该批混合料摊铺路段压实度计算的标准密度使用。

对沥青碎石及粗粒式沥青混合料，可以采用试验段钻孔试件的平均密度作为标准密度，且密度的测定方法应与试验段钻孔试件的测定方法相同。此种情况下，试验段的铺筑应由监理工程师或工程质量监督人员与施工单位一起参加，在温度及采用的压路机合理的情况下，反复碾压至无轮迹，用核磁密度仪定点检查密度不再变化为止，然后取不少于 15 个的钻孔试件的平均密度为压实度计算的标准密度。

2. 压实度统计参数的计算

对一个评定路段的平均压实度、标准差、变异系数按式（9-8）和式（9-9）计算。

$$K_0 = K_1 + K_2 + \cdots + K_n/N \tag{9-8}$$

$$S = \sqrt{\frac{(K_1 - K_0)^2 + (K_2 - K_0)^2 + \cdots + (K_n - K_0)^2}{N - 1}} \tag{9-9}$$

$$C_V = \frac{S}{K_0} \tag{9-10}$$

式中 　　K_0——一个评定路段的平均压实度，%；

　　　　S——一个评定路段的压实度测定值的标准差，%；

C_V——一个评定路段的压实度测定值的变异系数,%;

K_1,K_2,……K_n——该评定路段内各测定点的压实度,%;

N——该评定路段内各测定点的总数,其自由度为 $N-1$。

对一个评定路段的压实度代表值按式(9-11)计算:

$$K' = K_0 - t_a S / \sqrt{N} \tag{9-11}$$

式中 K'——评定路段的压实度代表值,%;

t_a——t 分布表中随自由度和保证率而变化的系数,其值应查表 2-7 确定。当测点数大于 100 时,高速公路的 t_a 值可取 1.6449,对其他等级公路 t_a 可取 1.2815。

$t_a / \sqrt{N}$ 的值 表2-7

测点数 N	高速公路一级公路、城市快速路、主干路	其他等级公路及城市道路	测点数 N	高速公路一级公路、城市快速路、主干路	其他等级公路及城市道路
2	4.465	2.176	12	0.518	0.393
3	1.686	1.089	13	0.494	0.376
4	1.177	0.819	14	0.473	0.361
5	0.953	0.686	15	0.455	0.347
6	0.823	0.603	16	0.438	0.335
7	0.734	0.544	17	0.423	0.324
8	0.670	0.500	18	0.410	0.314
9	0.620	0.466	19	0.398	0.305
10	0.580	0.437	20	0.387	0.297
11	0.546	0.414	21	0.376	0.289

测点数 N	高速公路一级公路、城市快速路、主干路	其他等级公路及城市道路	测点数 N	高速公路一级公路、城市快速路、主干路	其他等级公路及城市道路
22	0.367	0.282	30	0.310	0.239
23	0.358	0.275	40	0.266	0.206
24	0.350	0.269	50	0.237	0.184
25	0.342	0.264	60	0.216	0.167
26	0.335	0.258	70	0.199	0.155
27	0.328	0.253	80	0.186	0.145
28	0.322	0.248	90	0.175	0.136
29	0.316	0.244	100	0.166	0.129

对高速公路、一级公路和城市快速路、主干路，保证率为95%；对其他等级公路及城市道路，保证率为90%。

第三章 水泥混凝土路面

第一节 材料及一般规定

一、水泥

1. 水泥品种

水泥是水泥混凝土路面的重要组成材料，它直接影响混凝土的强度，早期干缩和温度徐变以及磨耗。道路用水泥应具有抗弯拉强度高、收缩小、抗磨和耐久性好以及弹性模量低等技术品质，因而在铺筑路面时，目前我国可采用的水泥主要有硅酸盐水泥、普通硅酸盐水泥和道路硅酸盐水泥等。特重、重交通路面宜采用旋窑道路硅酸盐水泥，也可采用旋窑硅酸盐水泥或普通硅酸盐水泥；中等及轻交通的路面，也可采用矿渣硅酸盐水泥。

2. 水泥等级强度

各级交通使用的水泥各龄期的抗折强度、抗压强度应符合表3-1规定。

各交通等级路面水泥各龄期的抗折强度、抗压强度 表3-1

交通等级		特重交通		重交通		中、轻交通	
龄期（d）		3	28	3	28	3	28
抗压强度（MPa）,	≥	25.5	57.5	22.0	52.5	16.0	42.5
抗折强度（MPa）,	≥	4.5	7.5	4.0	7.0	3.5	6.5

3. 水泥物理性能及化学成分

各交通等级路面所使用的水泥的化学成分、物理性能等路用品质要求应符合表 3-2 规定。

各交通等级路面用水泥的化学成分和物理指标　　表 3-2

出磨时安定性	雷氏夹或蒸煮法检验必须合格	蒸煮法检验必须合格
标准稠度需水量	不宜 >28%	不宜 >30%
烧失量	不得 >3.0%	不得 >5.0%
比表面积	宜在 300~450m²/kg	宜在 300~450m²/kg
细度（80μm）	筛余量不得 >10%	筛余量不得 >10%
初凝时间	不早于 1.5h	不早于 1.5h
终凝时间	不迟于 10h	不迟于 10h
28d 干缩率	不得 >0.09%	不得 >0.10%
耐磨性	不得 >3.6kg/m²	不得 >3.6kg/m²
水泥性能	特重、重交通路面	中、轻交通路面
铝酸三钙	不宜 >7.0%	不宜 >9.0%
铁铝酸四钙	不宜 <15.0%	不宜 <12.0%
游离氧化钙	不得 >1.0%	不得 >1.5%
氧化镁	不得 >5.0%	不得 >6.0%
三氧化硫	不得 >3.5%	不得 >4.0%
碱含量	$Na_2O + 0.658K_2O \leqslant 0.6\%$	怀疑有碱活性集料时，$\leqslant 0.6\%$；无碱活性集料时，$\leqslant 1.0\%$
混合材种类	不得掺窑灰、煤矸石、火山灰和粘土，不抗盐冻要求时不得掺石灰、石粉	不得掺窑灰、煤矸石、火山灰和粘土，有抗盐冻要求时不得掺石灰、石粉

二、粗集料

为获得密实、高强、耐久性好、耐磨耗的混凝土，粗集料必须具有一定的强度，耐磨耗，有足够的坚固性和良好的级配。

1. 强度

粗集料应使用质地坚硬、耐久、洁净的碎石、碎卵石和卵石，技术要求见表3-3。高速公路、一级公路、二级公路及有抗（盐）冻要求的三、四季公路混凝土路面使用的粗集料级别应不低于Ⅱ级。无抗（盐）冻要求的三、四级公路混凝土路面、碾压混凝土及贫混凝土基层可使用Ⅲ级粗集料。有抗（盐）冻要求时，Ⅰ级集料吸水率不应大于1.0%；Ⅱ级集料吸水率不应大于2.0%。

2. 坚固性

粗集料的坚固性是反映碎石或卵石在气候、环境变化或其他物理因素作用下抵抗碎裂的能力。粗集料的坚固性用 Na_2SO_4 饱和溶液法检验。试样经 5 次循环浸渍后，测定因 Na_2SO_4 析晶膨胀引起的质量损失，其质量损失应符合表3-3 的规定。

碎石、碎卵石和卵石技术指标　　　　表3-3

项目	技术要求		
	Ⅰ级	Ⅱ级	Ⅲ级
碎石压碎指标（%）	<10	<15	<20[①]
卵石压碎指标（%）	<12	<14	<16
岩石抗压强度	火成岩不应小于100MPa；变质岩不应小于80MPa；水成岩不应小于60MPa		
表观密度	>2500kg/m³		

续表

项目	技术要求		
	Ⅰ级	Ⅱ级	Ⅲ级
松散堆积密度	>1350kg/m³		
孔隙率	<47%		
碱集料反应	经碱集料反应试验后，试件无裂缝、酥裂、胶体外溢等观象，在规定试验龄期的膨胀率应小于0.10%。		

3. 耐磨性

道路用混凝土用的粗集料磨耗率不大于30%。

4. 表面特征及颗粒形状

粗集料的粒状以接近立方体为佳。细长扁平状颗粒将会降低新拌混凝土和易性和硬化后的强度，应限制其含量（总含量不得超过15%）。另外，碎石表面粗糙的棱角，同水泥浆的粘结力好，配制的混凝土具有较高的强度。

5. 颗粒粗细及级配

颗粒越粗，比表面积越小，裹覆集料所用的水泥浆数量愈少，但粒径太粗，搅拌、运输都不方便，而且在成型时，由于游离水上浮，截留在粗集料的下面，形成水囊，成为硬化混凝土的断裂隐患。因此，为了获得质量均匀的道路混凝土，并且取得良好的施工性能，粗集料的最大粒径最好在40mm以下。

粗集料的级配，可采用连续级配或间断级配。采用连续级配的粗集料配制的道路混凝土和易性良好，不易发生分层、离析，是目前道路混凝土中最常用的级配方法。间断级配由于具有较小的孔隙率及比表面积，可节约水泥，但由于间断级配中石子颗粒粒径相差较大，容易使混凝土拌合物分层离析，增加施工难度，故在道路工程中应用较少。

三、细集料

道路混凝土用砂希望具有较高的密实度及较小的比表面积，以保证新拌道路混凝土具有适宜的工作性，同时使硬化后的混凝土具有足够的强度和耐久性，又达到节约水泥的目的。为此，选用的天然砂和人工砂，应符合普通混凝土用砂的级配要求。

另外，集料中含有泥土（包括尘屑和粘土等）、有机质、硫化物和硫酸盐、轻物质等杂质时，会在集料表面形成包裹层而妨碍集料同水泥石的粘结，妨碍水泥水化，同水泥水化产生不良的化学反应等。为此，对集料中有害物质的含量作了限量要求。

四、水

搅拌混凝土所用水及养护用水中，不得含有影响混凝土质量的油、酸、盐类及有机物等有害物质，海水不能用作搅拌及养护道路混凝土用水。凡能饮用的自来水和清洁的天然水，一般都可采用。

五、外加剂

随着混凝土等级的提高，对道路混凝土技术品质的要求也不断提高，因此外加剂也成为道路混凝土一种重要的组成材料，用以改善混凝土的性能。在公路工程中，针对道路混凝土的基本要求，掺入的混凝土外加剂通常应具备以下主要功能：

1. 减少用水量：在保证混凝土和易性的前提下，掺入减水剂以减少道路混凝土的用水量或水泥浆用量，可以提高强度或节约水泥、降低成本；减少混凝土的自由含水量，降低孔隙率，提高密实度和耐磨性能；减少混凝土的干收缩值和降低水化热峰后体内外温差造成的收缩值，即减少混凝土开裂。

2. 适当引气，混凝土的含气量通常为1%左右。掺入引气剂后可增加含气量1%～3%。

3. 提高抗折强度。

4. 延长凝结时间。

5. 提高早期强度：掺入早强剂，通常可缩短养护期1/2～2/3。

6. 防冻：寒冷天气，正负温交替或负温下的道路混凝土施工，必须掺入抗冻剂，以降低混凝土内自由水的冰点，保证混凝土防冻和继续硬化达到设计强度。

在道路混凝土施工中，为满足某些特殊要求，还可以在混凝土中掺入膨胀剂、速凝剂、着色剂、防水剂等。但不管选用何种外掺剂，都应根据设计要求和现场具备的材料、品质及施工条件等具体情况，选用适当的外加剂品种及合适的掺量。

外加剂的产品质量应符合表3-4的各项技术指标。供应商应提供有相应资质外加剂检测机构的品质检测报告，检验报告应说明外加剂的主要化学成分，认定对人员无毒副作用。

混凝土外加剂产品的技术性能指标　　　表3-4

试验项目	普通减水剂	高效减水剂	早强减水剂	缓凝高效减水剂	缓凝减水剂	引气减水剂	早强剂	缓凝剂	引气剂
减水率（%），≥	8	15	8	15	8	12	—	—	6
泌水率比（%），≥	95	90	95	100	100	70	100	100	70

续表

试验项目		普通减水剂	高效减水剂	早强减水剂	缓凝高效减水剂	缓凝减水剂	引气减水剂	早强剂	缓凝剂	引气剂
含气量（%）		≤3.0	≤4.0	≤3.0	<4.5	<5.5	>3.0			>3.0
凝结时间（min）	初凝	−90~	−90~	−90~	>+90	>+90	−90~	−90~	>+90	−90~
	终凝	+120	+120	+90	—	—	+120	+90	—	+120
抗压强度比（%）≥	1d	—	140	140	—			135		
	3d	115	130	130	125	100	115	130	100	95
	7d	115	125	115	125	110	110	110	100	95
	28d	110	120	105	120	110	100	100	100	90
收缩率比（%）28d，≤		120	120	120	120	120	120	120	120	120
抗冻标号		50	50	50	50	50	200	50	50	200
对钢筋锈蚀作用		应说明对钢筋无锈蚀危害								

第二节　施　工　准　备

一、基层作业面检测

垫层、基层除应符合《公路水泥混凝土路面设计规范》（JTG D40）和《公路路面基层施工技术规范》（JTJ 034）的规定外，尚应符合下列技术要求：

1. 基层纵、横坡一般可与面层一致，但横坡可略大0.15% ~ 0.20%，并不得小于路面横坡。

2. 硬路肩厚度薄于面板时，应设排水基层或排水盲沟。缘石和软路肩底部应有渗透排水措施。

3. 面层铺筑前，宜至少提供足够机械连续施工10d以上的合格基层。

面板铺筑前，应对基层进行全面的破损检查，当基层产生纵、横向断裂、隆起或碾坏时，应采取下述有效措施进行彻底修复：

1. 所有挤碎、隆起、空鼓的基层应清除，并使用相同的基层料重铺，同时设胀缝板横向隔开，胀缝板应与路面胀缝或缩缝上下对齐。

2. 当基层产生非扩展性温缩、干缩裂缝时，应灌沥青密封防水，还应在裂缝上粘贴油毡、土工布或土工织物，其覆盖宽度不应小于1000mm；距裂缝最窄处不得小于300mm。

3. 当基层产生纵向扩展裂缝时，应分析原因，采取有效的路基稳固措施根治裂缝，且宜在纵向裂缝所在的整个面板内，距板底1/3高度增设补强钢筋网，补强钢筋网到裂缝端部不宜短于5m。

4. 基层被碾坏成坑或破损面积较小的部位，应挖除并采用贫混凝土局部修复。对表面严重磨损裸露粗集料的部位，宜采用沥青封层处理。

二、施工机具设备

根据公路等级的不同，混凝土路面的施工宜符合表3-5规定的机械装备要求。

摊铺机械：

与公路等级相适应的机械装备　　　　表 3-5

摊销机械装备	高速公路	一级公路	二级公路	三级公路	四级公路
滑模摊铺机	√	√	√	▲	○
轨道摊铺机	▲	√	√	√	○
三辊轴机组	○	▲	√	√	√
小型机具	×	○	▲	√	√
计算机自动控制强制搅拌楼（站）	√	√	√	√	○
强制搅拌楼（站）	×	○	▲	√	√

　　1. 轨模式摊铺机（图 3-1）是由摊铺机、整面机、修光机等组成的摊铺列车。

图 3-1　轨模式摊铺机

　　2. 滑模式摊铺机（图 3-2）比轨模式摊铺机更高度集成化，整机性能好，操纵方便，生产效率高，但对原材料、混凝土拌合物的要求更严格，设备费用较高。

　　3. 三轴混凝土摊铺机是近几年发展起来的水泥混凝土路面小型施工机械，它是介于普通小型机械与滑模摊铺机之间的中档机械，具有摊铺、振密、提浆和整平的功能，可有效减小劳动强度，设备投资又小，因此得到了广泛的应用。

图 3-2 滑模式摊铺机

三、配合比设计

道路混凝土配合比设计的任务是将组成混凝土的原材料，即粗、细集料、水和水泥的用量，加以合理的配合，使所配制的混凝土能满足强度、耐久性及和易性等技术要求，并尽可能节约水泥，以取得最大的经济效益。

水泥混凝土路面用混凝土配合比设计方法，按我国现行国标《公路水泥混凝土路面施工技术规范》（JTG—2003）的规定，采用抗弯拉强度或抗压强度为指标的方法。

普通混凝土配合比设计方法通过合理确定水灰比、单位用水量和砂率 3 个基本参数，进而得出水泥、水、砂和石子这四项组成材料的实际用量。

上述 3 个基本参数与混凝土的各项性能之间有着密切的关系：在组成材料一定的情况下，水灰比对混凝土的强度和耐久性起着关键的作用；单位用水量反映了水泥浆与集料之间的比例关系，在水灰比一定的条件下，它是控制拌合物流动性的主要因素；而砂率对混凝土拌合物的和易性，特别是其中的粘聚性和保水性有大影响。

进行配合比设计时，首先要正确选定原材料品种，检验原材料质量，然后按照混凝土技术要求进行初步计算，得到"计算配合比"。经试验室试拌调整，得出"基准配合比"。经强度复核定出"试验室配合比"。最后以现场原材料的实际情况（如砂、石含水等）修正"试验室配合比"，从而得到"施工配合比"。

其中，计算配合比的具体程序如下，试验室配合比的确定见图 3-3。

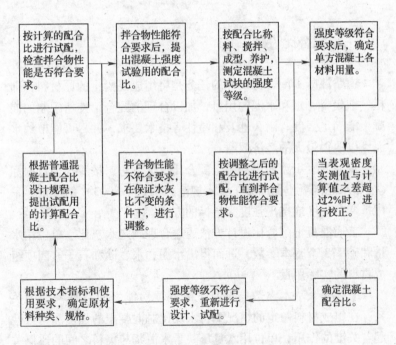

图 3-3　普通混凝土试验室配合比流程图

1. 计算混凝土的配制强度；

2. 根据混凝土的配制强度及耐久性要求，按水灰比定则公式计算水灰比；

3. 根据施工要求的和易性指标（坍落度等）和粗集料种类、最大粒径选取单位用水量；

4. 根据计算的水灰比和选取的单位用水量计算水泥用量，并考虑耐久性要求，按规定复核最小水泥用量；

5. 根据水灰比、粗集料种类、最大粒径选取合理砂率；

6. 由重量法或体积法计算砂子用量和石子用量。

水泥混凝土的配合比报告一般应由以下几部分组成。

1. 混凝土配合比设计计算。施工单位可以根据以往的施工经验提出一个经验配合比。

2. 调整后的试验配合比。将计算配合比或经验配合比结合工地设备、材料、管理等条件进行调整。

3. 全套的碎石材料实验。包括筛分试验、含泥量试验、针片状试验、压碎值试验、视比重试验等。

4. 碎石的合成级配。一般合成级配应在规范规定范围内选择。全套材料实际合格后，此碎石合成级配即为碎石标准级配。

5. 全套的中砂材料实验。包括筛分试验、含泥量试验、视比重试验、容重试验、有机物含量试验等。

6. 中砂的合成级配。一般合成级配应在规范规定范围内选择。全套材料实验合格后，此砂合成级配即为中砂标准级配。

7. 水泥、外加剂的质保书。

8. 水泥全套材料实验。一般应做细度、稠度用水量、胶砂强度、安定性等试验。

9. 外加剂实验报告。

10. 混凝土坍落度试验记录。

11. 混凝土试块抗压（抗折）强度试验记录。

12. 修正后的混凝土配合比。

应该确定混凝土配合比，批准后即为"标准配合比"，"标准配合比"得出的结论应该有 3 个：一是"水泥、水、砂、石、外加剂的比例"；二是"碎石标准级配"；三是"中砂标准级配"。在其重要性上后两者绝不亚于前者。对于现场控制来说，控制"碎石标准级配"以及"中砂标准级配"要重要得多，而且这也是监理控制混凝土质量的主要工作之一。

第三节　混凝土的拌合

混合料拌合质量向来都是水泥混凝土路面施工中最重要的一关，要控制好水泥混凝土路面平整度，首先要从混合料拌合的均匀性、和易性入手，重点是控制水灰比。众所周知，水灰比大则混凝土的干缩性大，水灰比小则混凝土的干缩性小，水灰比控制不好，就会造成水泥混凝土路面施工时收缩不均匀，从而造成平整度较差。若掺入外加剂的话，则在控制水灰比的同时，必须严格控制搅拌时间，以拌合物拌合均匀，颜色一致为度，掺入外加剂后，搅拌时间必须适当延长 20～30s，保证外加剂在混合中均匀分布。

要控制好水灰比，一方面必须做好水的二级控制，第一级是加强砂、石原材料的含水量测定，特别是下过雨之后，必须重新测定砂、石含水量，及时调整水泥混凝土的施工配合比。第二级是对拌合设备的供水装置的计量准确性经常检查，保证计量准确。另一方面是加强坍落度控制，正常情况下每台班至少 2 次，出现异常则每车检查，及时反馈信息。

一、拌合机要求

1. 配料机

（1）配料机配料精度应在 1% 以内。一般规定一级公路以上混凝土的生产，配料精度应不低于水泥 1%、中砂 2%、碎石 3%。要达到这样的要求，电子计量的配料机（精度在 1% 以内）是最低配置，杠杆式配料机（精度在 5% ~ 10% 之间）应予淘汰，人工配料应严格禁止。

（2）配料机应有 3 个以上配料斗。3 个配料斗是生产连续级配的最低要求。间断级配：当级配波动较大需要现场调整时也至少需要 3 个配料斗。

2. 拌合机

应使用强制式或双卧轴拌合机，推荐使用双卧轴式拌合机。滚筒式拌合机现在工程中应该予以淘汰，只能在允许情况下用于拌制水泥砂浆。

3. 水计量设备

应该使用流量计加水泵作为计水系统。现在用得最为广泛的计水设备是拌合机上附带的时间断电器加水泵，这个系统受电压影响很大，也受水位高低、阀门松紧等因素的影响，精度很差，在工程建设中应予淘汰。

二、拌合时间

根据拌合物的黏聚性、均质性及强度稳定性试拌确定最佳拌合时间。

一般情况下，单立轴式搅拌机总拌合时间宜为 80 ~ 120s，全部原材料到齐后的最短纯拌合时间不宜短于 40s；行星立轴和双卧轴式搅拌机总拌合时间为 60～90s，最短纯拌合时间不宜短于 35s；连续双卧轴搅拌楼的最短拌合时间不宜短于 40s。最长总拌合时间不应超过高限值的 2 倍。

拌合引气混凝土时，搅拌楼一次拌合量不应大于其额定搅拌量的 90%。纯拌合时间应控制在含气量最大或较大时。

粉煤灰或其他掺合料应采用与水泥相同的输送、计量方式加入。粉煤灰混凝土的纯拌合时间应比不掺的延长 10～15s。当同时掺用引气剂时，宜通过试验适当增大引气剂掺量，以达到规定含气量。

钢纤维混凝土的拌合时间应通过现场搅拌试验确定，并应比普通混凝土规定的纯拌合时间延长 20～30s，采用先干拌后加水的搅拌方式时，干拌时间不宜少于 1min。

碾压混凝土的最短纯拌合时间应比普通混凝土延长 15～20s。

第四节　混凝土的运输及摊铺

一、运输时间

运输到现场的拌合物必须具有适宜摊铺的工作性。不同摊铺工艺的混凝土拌合物从搅拌机出料到运输、铺筑完毕的允许最长时间应符合表 3-6 的规定。不满足时应通过试验、加大缓凝剂或保塑剂的剂量。

混凝土拌合物的运输除应满足上述规定外，尚应符合下列技术要求：

1. 运送混凝土的车辆装料前，应清净厢罐，洒水润壁，排干积水。装料时，自卸车应挪动车位，防止离析。搅拌楼卸料落差不应大于 2m。

混凝土拌合物出料到运输、铺筑完毕允许最长时间 表 3-6

施工气温 （℃）	到运输完毕允许最长时间（h）		到铺筑完毕允许最长时间（h）	
	滑模、轨道	三轴、小机具	滑模、轨道	三轴、小机具
5～9	2.0	1.5	2.5	2.0
10～19	1.5	1.0	2.0	1.5
20～29	1.0	0.75	1.5	1.25
30～35	0.75	0.50	1.25	1.0

2. 混凝土运输过程中应防止漏浆、漏料和污染路面，途中不得随意耽搁。自卸车运输应减小颠簸，防止拌合物离析。车辆起步和停车应平稳。

3. 超过表 3-6 规定摊铺允许最长时间的混凝土不得用于路面摊铺。混凝土一旦在车内停留超过初凝时间，应采取紧急措施处置，严禁混凝土硬化在车厢（罐）内。

4. 烈日、大风、雨天和低温天远距离运输时，自卸车应遮盖混凝土，罐车宜加保温隔热套。

5. 使用自卸车运输混凝土最远运输半径不宜超过 20km。

6. 运输车辆在模板或导线区调头或错车时，严禁碰撞模板或基准线，一旦碰撞，应告知测工重新测量纠偏。

7. 车辆倒车及卸料时，应有专人指挥。卸料应到位，严禁碰撞摊铺机和前场施工设备及测量仪器。卸料完毕，车辆应迅速离开。

8. 碾压混凝土卸料时，车辆应在前一辆车离开后立即倒向摊铺机，并在机前 10～30cm 处停住，不得撞击沥青摊铺机。然后换成空挡，并迅速升起料斗卸料，靠摊铺机推动前进。

二、摊铺工艺

1. 摊铺前的准备工作

（1）洒水量要根据基层材料、空气温度、湿度、风速等诸多因素来确定洒水量，即保证摊铺混凝土前基层湿润，而且尽可能洒布均匀，尤其在基层不平整之处禁止有存水现象。从目前施工现场来看，大多数情况下是洒水量不足，因为基层较干，铺筑后混凝土路面底部产生大量细小裂纹，有些小裂纹与混凝土本身收缩应力产生的裂纹重叠后使整个混凝土路面裂纹增多。

（2）在施工中经常发生摊铺机前堆料过多使摊铺机行走困难，有时布料过少使振捣箱内混凝土量不足，路面厚度得不到保证。摊铺机前这种混凝土忽多忽少现象会严重影响混凝土路面的平整度。在施工过程中大多数施工者死板地间隔一定距离卸一车料，而忽视了基层不平整的变化，这种变化在客观上是普遍存在的。我国目前施工水平不是很高，对路面基层标高和平整度不一致，加大了混凝土路面施工的难度。在实际施工中，可对基层表面与面层基准标高线隔段实测来决定混凝土的卸料量，这样会避免卸料不均的问题。

2. 轨模式摊铺机施工工艺

轨模式摊铺机有刮板式、箱式和螺旋式三种类型，摊铺时将卸在基层上或摊铺箱内的混凝土拌合物按摊铺厚度均匀地充满规模范围内。施工时，列车在轨模上通过可铺筑好一条行车带。轨模即是列车的行驶轨道，又是水泥混凝土的模板。摊铺机上装有摊铺器（又称布料器）用来将倾卸在路基上的水泥混凝土按一定的厚度均匀的摊铺在路基上。摊铺机在摊铺水泥混凝土时，轨模是固定不动的。完成摊铺、振捣、压实、平整、光面成型等工序。

刮板式摊铺机本身能在轨道上前后自由移动，刮板旋转时将卸在基层上的混凝土拌合物向任意方向摊铺。这种摊铺机质量轻，容易操作，易于掌握，使用较普遍，但摊铺能力较小。箱式摊铺机摊铺时，先将混凝土拌合物通过卸料机一次卸在钢制料箱内，摊铺机向前行驶时料箱内的混合料摊铺于基层上，通过料箱横向移动，按松铺厚度准确、均匀地刮平拌合物。螺旋式摊铺机由可以正向和反向旋转的螺旋布料器将拌合物摊平，螺旋布料器的刮板能准确调整高度。螺旋式摊铺机的摊铺质量优于前述两种摊铺机，摊铺能力较大。

轨模式摊铺机施工，是由支撑在平底型轨道上的摊铺机将混凝土拌合物摊铺在基层上的一种方式。摊铺机的轨道与模板是连在一起的，如图 3-4 所示。

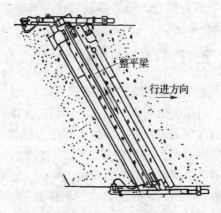

图 3-4　摊铺示意图

3. 小型配套机具施工工艺

（1）模板安装控制

应选用钢模且其外侧设有固定模板的斜支撑装置，使立模工作方便、迅速；使用前对钢模的直顺度进行校正；在立模时应精确放样，并检查其中线位置、设计高程和宽度、侧面铅垂度，纵缝的顺直度和相邻模板高差；严格控制模板的安装，模板间接头用螺钉固定，模板下缘与基层之间孔隙用加工铁锲垫高，用道钉、钢钎控制模板下边线，用斜支撑控制模板的上边线，使模板能经受住各种振捣机具的冲击，确保模板牢固不斜；施工时还应注意清除模板顶面附着的水泥砂浆等杂物，保证模板顶面平顺；模板安装就位后应横跨路面拉线，检查拟浇混凝土路面厚度，基层高出部分应予凿除整平。

（2）施工机具的控制

振动梁底面要保持平直，当弯曲超过 2 mm 时，应调整或更换。施工结束时，振动梁要清洗干净，放在平整处（必要时将振动梁朝下搁放，以使其自行校正平直度），且不得暴晒或雨淋。混凝土全面振捣后，再用振动梁进一步拖拉振实并初步整平。振动梁往返拖拉 2～3 遍，使表面泛浆，并赶出气泡。振动梁移动的速度要缓慢而均匀，一般以 1.2～1.5m /min 为宜。

（3）混凝土拌合物摊铺工序控制

摊铺前，应对模板的间隔、高度、润滑、支撑稳定情况和基层的平整度、润湿情况以及钢筋的位置和传力杆装置等进行全面检查。混凝土厚度不大于 24cm 时，可一次摊铺；大于 24cm 时，宜分为两次摊铺，下层厚度宜为总厚度的 3/5。摊铺的松料厚度应考虑振实的影响而预留一定的高度，具体数值根据试验确定，一般可取设计厚度的 10% 左右。混凝土混合料运送车辆到达摊铺地点后，一般直接倒入安装好侧模的路槽内并用人工找平补齐。可采用"扣锹"的方法，严禁抛掷和搂耙，以防止混凝土离析。

振捣顺序：首先应用插入式振捣器在模板边缘角隅等平板振捣器振捣不到之处振一次。如面板厚大于 22mm，则需用插入式振捣器全面顺序插振一次，同一位置振捣时间不宜小于 20s，然后再用平板振捣器全面振捣。振捣时应重叠 10～20cm，同一位置振捣时，当水灰比小于 0.45 时，振捣时间不宜小于

30s；水灰比大于 0.45 时，不宜小于 15s，以不再冒气泡并泛出水泥浆为准。混凝土在全面振捣后，用振动梁进一步拖拉振捣并且初平。用平直的滚杆进一步滚揉表面，使表面进一步提浆调平。

（4）混凝土未凝固前表面不平处理对策

混凝土未凝固的表面有不平处时，应及时采用人工补填找平。补填时应用较细的混合料原浆。

（5）混凝土表面拉毛的控制

一般应以四周混凝土适合压纹的时间为准，对板面中央等强度高的部位，采用在压纹机上加载的办法解决。采用压纹的路面平整度，一般都不如拉毛的路面平整度好。

4．滑模摊铺机的施工工艺

（1）消除摊铺机自身的影响

调整挤压底板的倾角、边部超铺及侧模位置。根据滑模摊铺机的动力大小、履带行走部位坚硬程度及挤压底板面积，调整好底板仰角。原则是既要保证滑模摊铺机对混凝土路面有足够的挤压力，又能使其顺畅进行摊铺。调整好浮板抹平板压力。为了提高路面平整度并消除表面坑槽、气泡和翘出的石子，在摊铺机上一般应配置自动悬浮式抹平板，进行表面的机械修整和提浆，既保证优良外观和平整度，又提供制作抗滑构造所需足够的砂浆层厚度。自动抹平的压力应根据混凝土稠度和路面纵坡度变化随时调整，其压力宜轻不宜重，压力过大会使原有的纵横向平整度丧失。

（2）基准线的控制

在拉线敷设时首先必须严防出现差错，保证拉线精度，并对其进行必要测量复查。还应经常贴近拉线，观察是否有肉眼能看出的拐点和不平顺现象，一经发现立即纠正。拉线桩应钉牢，桩间距在顺直段为 10m，在渐变段及小半径平曲线和竖曲线内应加密到 5m，特别是渐变段处纵横坡变化路段的摊铺，两段拉线的每个断面上的坡度都必须正确无误。拉线可用醒目的红色尼龙绞线，也可以用直径合适的钢丝绳。每根拉线最长为 500m，每根线上不得有 3 个以上的接头，断开分叉的钢丝应剪掉。每个拉线的两端应设有专用紧线器，拉线张拉力应不小于 1kN。拉线张力的要求是为了保证传感器的导杆在拉线上滑动时，其挠度不至于影响摊铺的平整度。

在施工过程中，严禁人和车辆碰撞已设好的拉线。滑模摊铺操作手应随时观察监视拉线传感器的工作，严防传感器掉线。如果拉线被扰动或传感器掉线，路面平整度就会失控。目前，较先进的滑模摊铺机在传感器控制上，设有防止突然掉线的防差错初始参数设定系统，从摊铺机的自动控制上考虑掉线，防止差错。即便如此，施工中仍应严禁碰撞拉线，以保证摊铺位置、高程和平整度达到设计要求。

（3）摊铺机操作措施

均匀分布混凝土料。操作手根据前方料堆位置，及时转动螺旋布料器，左右横向均匀布料，特别应保持两边角处有充足的拌合物。同时，要注意前后卸料尽量均匀，一般应在摊铺前配备一定的机械来保证布料。布料不匀将严重影响路面平整度。

调整松方控制板高度。松方控制板的高度根据振动仓内的料位高度随时调整，振动仓内的最佳料位一般应保持在高于路表面 10cm 左右。料位过低，振捣棒裸露会减弱振动效果，还可能烧毁振捣棒；过高，则混凝土排气不充分，密实度受影响。料位过高或过低都会影响摊铺平整度。

调整好振捣棒间距、位置、振捣频率及行进速度。滑模摊铺机振捣棒数量要足够，安装间距不大于 45cm，距侧边不大于 25cm。滑模摊铺时，振捣棒的水平部位应平行于路面，悬浮在路表面处振捣。如插在路面中，拉出的振捣棒沟槽或砂浆沟槽将影响路面平整度，砂浆沟槽会引起路面纵向开裂。振捣棒振动频率视混凝土稠度在 6000 ~ 10000 次/min 范围调整。振捣频率要与摊铺速度、拌合物的稠度匹配。振捣棒的振动频率料干时用高频，料稀时用低频振动，料干时应减慢摊铺速度，料稀时应加快摊铺速度，既要防止出现欠振麻面现象，又要防止过振流淌。调整夯实杆位置及夯实频率，插捣粗集料夯实杆最低位置在挤压底板前沿以下 5 ~ 8mm 处，位置过浅不起作用，过深增加摊铺机推进阻力。夯捣频率控制在 60 ~ 120 次/min 之间，料干加大，料稀减少。

5. 三轴式混凝土整平机提浆整平

水泥混凝土混合料经人工初步整平以后，分别采用插入式振捣器和平板式振动器振捣，再用三轴式水泥混凝土整平机整平。然后用三轴混凝土整平机振动提浆，由于该设备较大的自重和偏心激振力，局部高低不平的地方在振动液化过程中可以自动挤平。振动提浆过后仍有小范围不平整的地方，则采用人工找平。找平后再振动提浆，但次数不宜过多，一般不超过 3 次，以免表面砂浆过厚而流失。振动提浆过后，再静滚 1 ~ 2 遍，以消除偏心轴振动过后形成的浆条。作业单元不宜过短，也不宜过长，一般控制在 10m 左右。

第五节　接缝施工

混凝土面层是由一定厚度的混凝土板所组成，它具有热胀冷缩的性质。由于一年四季气温的变化，混凝土板会产生不同程度的膨胀和收缩。而在一昼夜中，白天气温升高，混凝土板顶面温度较底面为高，这种温度坡差会形成板的中部隆起的趋势。夜间气温降低，板顶面温度较底面为低，会使板的周边和角隅发生翘起的趋势。这些变化会受到板与基础之间的摩阻力和粘结力，以及板的自重、车轮荷载等的约束，致使板内产生过大的应力，造成板的断裂或拱胀等的破坏。

由于翘曲而引起的裂缝，则在裂缝发生后被分割的两块板体尚不致完全分离，倘若板体温度均匀下降引起收缩，则将使两块板体被拉开，从而失去荷载传递作用。

为避免这些缺陷，混凝土路面不得不在纵横向设置许多接缝，把整个路面分割成许多板块。

一、横向接缝

横向接缝一般分为横向缩缝、胀缝和横向施工缝。

1. 横向缩缝。横向缩缝通常垂直于路中线方向等间距布置。为了控制由翘曲应力产生的裂缝，缩缝间距一般在 4～6m 范围内选用，基层刚度越大，选用的间距应越短。横向缩缝有假缝和设传力杆假缝两种形式。前者主要依靠混凝土断裂面处集料的相互啮合作用传递荷载，其构造如图 3-5（a）所示。后者则依靠传力杆来增强面层板的传荷能力，以确保面层板的整体性，图 3-5（b）所示。在特重交通的公路上，以及其他各级交通的公路上，在邻近胀缝或路面自由端部的三条缩缝内，均宜加设传力杆。横向缩缝顶部应锯切口，深度为面层厚度的 1/4～1/5，宽度为 3～8mm，槽内填塞填缝料。一次锯切的槽口断面呈窄长形，设在槽口内的填料在混凝土板膨胀时易被挤出路表面，而在混凝土板收缩时易因拉力较大而与槽壁脱开。因此采用两次锯切法，先用薄锯片锯切到要求深度，再用厚锯片在同一位置做浅锯切，形成深 20mm、宽 6～10mm 的浅槽口，在浅槽口底部用条带或绳填塞后，上部灌塞填缝料。

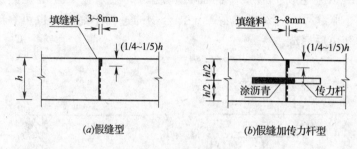

图 3-5　横向缩缝构造

2. 横向胀缝。在邻近桥梁或其他固定构筑物处、与柔性路面相接处、板厚改变处、隧道口、小半径平曲线和凹形竖曲线纵坡变换处，均应设置胀缝。在邻近构造物处的胀缝应根据施工温度，至少设置2条。上述位置以外的胀缝宜尽量不设或少设，其间距可根据施工温度、混凝土集料的膨胀性并结合当地经验确定。低温浇筑混凝土面层或选用膨胀性高的集料时，宜酌情确定是否需要设置胀缝。胀缝应采用滑动传力杆，并设置支架或其他方法予以固定。其构造如图3-6（a）所示。与构筑物衔接处或与其他公路交叉的胀缝无法设传力杆时，可采用边缘钢筋型或厚边型。其构造如图3-6（b）、（c）所示。

胀缝必须沿路面层板横断面全部断开，且保留部分孔隙，使得路面层板膨胀时有伸缩的余地。胀缝宽度 20～25mm，使用沥青或塑料薄膜滑动封层时，胀缝板及填缝宽度宜加宽到25～30mm。胀缝板应与路中心线垂直，与缝壁垂直，缝隙宽度一致，缝中完全不连浆。胀缝应采用前置钢筋支架法施工，也可预留一块面板，高温时再铺封。前置法施工，应预先加工、安装和固定胀缝钢筋支架，并在使用手持振捣棒振实胀缝两侧的混凝土后再摊铺。宜在混凝土未硬化时，剔除胀缝板上部的混凝土，嵌入（20～25）mm×20mm的板条，整平表面。

胀缝板应连续贯通整个路面板宽度。机械化施工混凝土路面时，胀缝可在连续铺筑混凝土拌合物的过程中完成，也可在施工结束后完成。

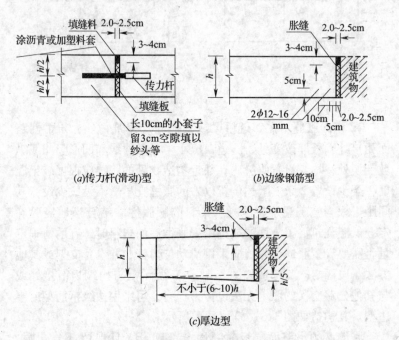

图 3-6 胀缝构造图

3. 横向施工缝。每天摊铺结束或摊铺中断时间超过 30min 时，混凝土已经初凝，施工中断或结束摊铺应使用端头钢模板设横向施工缝。其位置宜与胀缝重合，确有困难不能重合时，施工缝应采用设螺纹传力杆的企口缝形式。由于板中施工缝会因面板混凝土干缩形成微细裂缝，所以需要切缝和灌缝。横向施工缝应与路中心线垂直，采用加传力杆的平缝形式，其构造如图 3-7 所示；设在胀缝处的施工缝，构造应与胀缝相同。

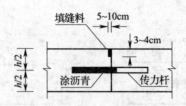

图 3-7　横向施工缝构造

二、纵向接缝

混凝土面板的纵缝必须与路线中线平行。纵缝一般分为纵向缩缝和纵向施工缝。

1. 纵向缩缝。当机械一次铺筑宽度大于两个以上车道时，需要设置纵向缩缝，采用假缩缝形式，其构造如图 3-8 所示。纵向缩缝可用机械自动插入拉杆，并用切缝法当即锯切假纵缝。当一次铺筑宽度大于 4.5m 时，应采用假缝拉杆型纵缝，纵缝位置应按车道宽度设置，在摊铺过程中用专用的拉杆插入装置插入拉杆。拉杆应采用螺纹钢筋，设在板厚中央，拉杆中部 100mm 范围内应进行防锈处理。施工布设时，拉杆间距应按横向接缝的实际位置予以调整，使最外侧的拉杆距横缝的距离不小于 100mm。纵向缩缝采用假缝形式，锯切的槽口深度应大于施工缝的槽口深度。采用粒料基层时，槽口厚度为板厚的 1/3；采用半刚性基层时槽口深度为板厚的 2/5。

2. 纵向施工缝。一次铺筑宽度小于路面宽度时，应设置纵向施工缝，纵向施工缝采用拉杆的平缝形式，其构造如图 3-9 所示。缝的上部锯切槽口，深度为 30 ~ 40mm，宽度为 3 ~ 8mm，槽内灌塞填缝料。采用固定模板施工方式时，应在振实过程中，从侧模预留孔中手工插入拉杆。纵向模板拉杆安装方法如下：

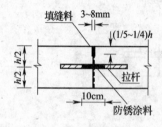

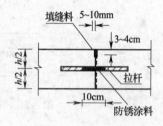

图 3-8　　纵向缩缝构造　　　　图 3-9　　纵向施工缝构造

（1）预先将拉杆从中点起弯成直角立模后，将拉杆按设计位置竖贴凸榫表面用 2 道或 3 道圆钉托住，上下卡紧而不卡死，应使外伸的半根拉杆能原位转动；

（2）摊铺混凝土时应先将外伸的半根拉杆向上转动，浇筑振实到拉杆位置后放下拉杆就位，再进行浇筑拉杆上面的混凝土；

（3）拆模后预留外露部分的拉杆（即用圆钉固定在凸榫表面上的半根），用钢管做套筒扳手缓缓回直。当浇筑另一幅路面时，应先在凹槽壁上部嵌好压缝板，然后摊铺混凝土。拆除凸榫模板时，应注意不要损伤混凝土板的企口，特别是凹槽上部混凝土。对于平式纵缝和横向施工缝，在已凝固的侧混凝土板边壁上应涂沥青，并嵌上压缝板，再浇筑另一侧混凝土。

三、刻纹及灌缝

1. 刻纹

为保证行车安全，混凝土表面应具有粗糙抗滑的表面。最普通的做法是用棕刷顺横向在抹平后的表面上轻轻刷毛；也可用金属丝梳子梳成深 1～2mm 的横槽。近年来，国外已采用一种更有效的方法，即在已硬结的路面上，用锯槽机将路面锯割成深5～6mm、宽2～3mm、间距20mm的小横槽。

（1）刻槽作用

一是预防作用，可使雨水从槽纹中迅速排走，避免在路面上形成一层水膜，保持路面无水状态；二是及时作用，可使轮胎下的路面积水从槽纹或轮胎花纹中及时排走，避免了由于车轮的快速旋转，造成车轮下面连续水膜压力增高而形成飘滑现象；三是视觉作用，提高轮胎与路面的附着摩阻力后，减少雾飘水溅，增加雨天能见度，减少反射眩光改善夜间行车环境；四是安全作用，刻槽路面抗滑力提高后，车辆的制动距离缩短，车辆的操作性能改善，交通事故大大减少。

（2）刻槽技术参数

刻槽的结构由四个要素组成，即：槽宽、槽深、槽间距和槽走向。关于刻槽参数的选择，美国和法国的研究最多。通常，槽宽为3～5mm，槽深为5～6mm，槽间距为20～30mm。考虑行车的舒适性及刻槽寿命，槽宽为2.4mm窄槽。法国道桥所的研究表明：当刻槽表面积比相同时，减小槽宽、缩小槽间距，抗滑效果最好；当槽间距相等时，增加槽宽，可提高抗滑性；当槽宽不变时，缩小槽间距，对抗滑有利。关于槽深的影响决定于行车速度、路面平整度和耐磨度。在高速行驶下，槽深低于2mm时，抗滑没有作用，因为当路面不平整度为2mm时，凹区就没有槽纹了。若将刻槽深度做为6mm时，即使平整度差的路面，大部分槽深在4mm以上。如果高速公路按平均磨耗深度0.5mm/年计，使用寿命可达8年以上。刻槽参数如表3-7所示。

根据国外研究成果，刻槽表面积比为12%～17%时比较合理。

横向刻槽与纵向刻槽的抗滑性有所差别。当刻槽表面积比一定时，低速时，纵向刻槽的摩擦系数比横向刻槽略高；高速

（120km/h）时，横向刻槽的摩擦系数较高。但在弯道上，纵向刻槽改善行车的横向稳定性好，同时，由于纵向刻槽的行车噪声较小，故在城市噪声敏感地区，曲线半径小的、行车速度高的、制动启动多的路面，采用纵向刻槽是有利的。

我国目前采用的刻槽系数 表 3-7

工程名称	槽宽（mm）	槽深（mm）	槽矩（mm）	构造深度（mm）	刻槽表面积（%）
常溧线	3	5	25	0.83	10.7
闽 316 国道	5	4	20	0.88	20.0
某收费广场	5	5	20	0.90	20.0
北京国际机场	6	6	32	1.00	15.8

2. 灌缝

灌缝是一道不可忽视的工序，其作用一是防止板缝漏水，危及基层；二是防止石子、砂砾等杂物填塞，保证板缝伸缩。若板缝不灌，会诱发各种病害，成为水泥混凝土路面的"病灶"。灌缝的具体流程如图 3-10 所示。

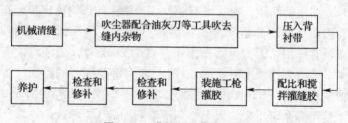

图 3-10 灌缝的具体流程图

（1）机械清缝

首先，用清缝机对伸缩缝进行清理，保证缝内无泥砂、水泥浆及其他杂物，清缝宽度比原切缝宽 0.5～1mm，缝深度 2～

3cm，灌缝深度大于 1.5cm，含背衬带。然后，用高压吹风机将缝内的灰尘、杂物吹除干净，并将缝左右各 50cm 范围灰尘、杂物、砂子吹干净，确保缝内无水、缝口干净。

（2）吹缝

灌胶前先用提式 650W 高压吹尘器，配合油灰刀等在接缝清理一遍，确保缝内两侧干净，干燥无杂物。

（3）压背衬带

背衬带的作用有两个：一是控制灌缝深度使密封胶在缝内均匀一致，不漏胶，保证灌缝质量；二是使密封胶同底部不粘接，确保材料的延伸率。背衬带选用与所采用灌缝料脱粘的聚乙烯发泡棒，用专用压轮把背衬带压入缝内就位。

背衬带压好之后自检质量，检查内容包括：压入深度、有无漏胶点、接头的搭接部分是否密封。发现问题及时修正。

（4）灌胶

材料搅拌：双组分材料的配比和搅拌是影响材料质量的关键。现场施工时应把出厂时计量准确的材料整套使用。把小桶装的固化剂和大桶装的基料全部倒入大容器中，成套搅拌，搅拌机采用 1kW，350r/min 的专用慢速搅拌机，安上厂方配套的搅拌叶，搅拌 5~10min，搅拌时注意桶周和底部的搅拌。搅拌和配料须专门指派有责任心的施工人员定岗工作。如不得已须使用少于整套材料时，须监理在场称量调配。搅拌好的材料须在 1h 内用完。材料装枪使用专用漏斗，漏斗和搅拌地点应离开主车道，并做防污处理，以免污染路面。

施工枪打胶：材料装枪后安上合适的枪头先灌纵缝后灌横缝顺序进行。每个打枪的施工人员每枪打完之后接打原缝，不得每次打不同的接缝以免漏缝。灌缝施工完后及时清理工具备用。打枪时在装枪、收枪的过程中要注意动作，不得污染路面。打灌时密封胶至少低于道面 1mm，施工时的控制范围为

$1 \sim 2mm$。

（5）修补

首先，派专人于路面完成灌缝的后面修补，把多余的胶去掉，修补可能出现的漏点。然后，用一片比缝宽略窄一点的特制竹瓣在胶面上拉压一遍，使胶面平整美观，均匀一致，表面层低于 $1 \sim 2mm$ 的圆滑凹面。再次，灌缝半小时左右在伸缩缝表面上轻刷一点防污粉，避免通车以后污染路面。

（6）养护

灌注完工应对其养生，夏季养生时间 $12 \sim 24h$，冬季 $24 \sim 48h$。

第四章 沥青表面处治

第一节 材料及一般规定

沥青表面处治适用于三级、四级公路的面层。由于沥青表面处治层很薄，一般不起提高强度作用，其主要作用是抵抗行车的磨耗，增强防水性，提高平整度，改善路面的行车条件。

沥青表面处治可采用拌合法或层铺法施工。拌合法沥青表面处治厚度为 20～40mm；采用层铺法施工时按照洒布沥青及铺撒矿料的层次多少可分为单层、双层、三层。单层表处厚度为 10～15mm；双层表处厚度为 15～25mm；三层表处厚度为 25～30mm。其压实最小厚度为 10mm，适宜厚度为 10～30mm。

沥青表面处治可采用道路石油沥青、煤沥青或乳化沥青作为结合料，集料的规格与用量应符合表 4-1 的要求。当采用乳化沥青时，应减少乳液流失，可在主层集料中掺加较小的集料。沥青表面处治施工后，应在路侧另备碎石或石屑、粗砂或小砾石作为初期养护用料，其中，碎石的规格为 S12（5～10mm），粗砂或小砾石的规格为 S14（3～5mm），其用量为（2～3） $m^3/1000m^2$。

沥青标号的选择，不仅影响表面处治的质量和使用年限，而且还会影响材料、资金的合理使用和施工工艺。沥青标号按地区的气温条件来选定。三级及三级以下的公路铺筑表面处治时，煤沥青宜采用 T-5、T-6 或 T-7 级。

沥青表面处治面层材料规格和用量（方孔筛） 表4-1

沥青种类	类型	厚度(mm)	集料（m³/1000m²）						沥青或乳液用量（kg/m²）			
			第一层		第二层		第三层		第一次	第二次	第三次	合计用量
			规格	用量	规格	用量	规格	用量				
石油沥青	单层	1.0	S12	7~9					1.0~1.2			1.0~1.2
石油沥青	单层	1.5	S10	12~14					1.4~1.6			1.4~1.6
石油沥青	双层	1.5	S10	12~14	S12	7~8			1.4~1.6	1.0~1.2		2.4~2.8
石油沥青	双层	2.0	S9	16~18	S12	7~8			1.6~1.8	1.0~1.2		2.6~3.0
石油沥青	双层	2.5	S8	18~20	S12	7~8			1.8~2.0	1.0~1.2		2.8~3.2
石油沥青	三层	2.5	S8	18~20	S12	12~14	S12	7~8	1.6~1.8	1.2~1.4	1.0~1.2	3.8~4.4
石油沥青	三层	3.0	S6	20~22	S12	12~14	S12	7~8	1.8~2.0	1.2~1.4	1.0~1.2	4.0~4.6
乳化沥青	单层	0.5	S14	7~9					0.9~1.0			0.9~1.0
乳化沥青	双层	1.0	S12	9~11	S14	4~6			1.8~2.0	1.0~1.2		2.8~3.2
乳化沥青	三层	3.0	S6	20~22	S10	9~11	S12 / S14	4~6 / 3.5~5.5	2.0~2.2	1.8~2.0	1.0~1.2	4.8~5.4

注：1. 煤沥青表面处治的沥青用量可比石油沥青用量增加15%~20%；
2. 表中的乳液用量按乳化沥青的蒸发残留物含量60%计算，如沥青的蒸发残留物含量不同应予折算；
3. 在高寒地区及干旱风沙大的地区，可超出高限5%~10%。

沥青表面处治所用的矿料，其最大粒径应与所处治的层次厚度相当。矿料的最大与最小粒径比例应不大于2，介于两个筛孔之间颗粒的含量应不小于70%～80%。矿料选择应根据因地制宜，就地取材的原则，尽量选择质地坚硬，软弱及扁平颗粒含量少，强度不低于Ⅲ级的碎石或砾石为宜。各层用量宜根据施工气温、沥青标号、基层等情况，在总量不变的情况下可作适当调整。

第二节　施 工 工 艺

沥青表面处治施工应符合下列要求：

（1）沥青表面处治宜选择在一年中干燥和较炎热的季节施工，并宜在雨季及日最高温度低于15℃到来以前半个月结束，使表面处治层通过开放交通压实，成型稳定。

（2）各工序必须紧密衔接，不得脱节，每个作业段长度应根据压路机数量、洒油设备等来确定。当天施工的路段应当天完成，以免产生因沥青冷却而不能裹覆矿料和尘土污染矿料等不良后果。人工撒布集料时应等距离划分段落备料。

（3）除阳离子乳化沥青外，其他类型沥青不得在潮湿的矿料或基层上洒油。当施工中遇雨时，应待矿料晾干后才能继续施工。雨期施工应逐日了解气象预报，施工路段宜在雨前完成各项工序。

（4）对于道路上的各种井盖座、侧、平台等外露部分以及人行道面等，洒油时应加遮盖，防止污染，影响路容路貌。

一、沥青洒布

沥青要洒布均匀，不应有空白或积聚现象，以免日后产生松散或壅包和推挤等病害。采用汽车洒布机洒布沥青时，应根据单位面积的沥青用量选定洒布机排档和油泵机档。沥青洒布车喷洒沥青时应保持稳定速度和喷洒量，并保持整个洒布宽度喷洒均匀。小规模工程可采用机动或手摇的手工沥青洒布机洒布沥青。洒布设备的喷嘴应适用于沥青的稠度，确保能成雾状，与洒油管成 15°~25° 的夹角，洒油管的高度应使同一地点接受 2~3 个喷油嘴喷洒的沥青，不得出现花白条。若采用手摇洒布机洒布沥青，应根据施工气温和风向调节喷头离地面的高度和移动的速度，以保证沥青洒布均匀，并应按洒布面积来控制单位沥青用量。

沥青的浇洒温度根据施工气温及沥青标号选择。石油沥青的洒布温度宜为 130~170℃；煤沥青宜为 80~120℃；乳化沥青在常温下洒布。当气温偏低，破乳及成型过慢时，可将乳液加温后洒布，但乳液温度不得超过 60℃。在洒布过程中，如发现洒布数不足，有空白、缺边等，应立即用人工补洒，有积聚现象应予刮除。沥青洒布的长度应与矿料铺撒相配合，应避免沥青洒布后等待较长时间才铺撒矿料。在每段接茬处，可用铁板或建筑纸等横铺在本段起洒点前及终点后，宽度为 1.0~1.5m。如需分两幅洒布时，应保证接茬搭接良好，纵向搭接宽度宜为 10~15cm。洒布第二次、第三次沥青，搭接缝应错开。

二、三层式表面处治工艺

层铺法沥青表面处治施工，一般采用所谓"先油后料"法，即先洒布一层沥青，后铺撒一层矿料。三层式表面处治为洒布三次沥青，铺撒三次矿料。

三层式沥青表面处治路面施工程序为：备料→清扫基层放样和安装路缘石→浇洒透层沥青→洒布第一次沥青→撒铺第一次矿料→碾压→洒布第二层沥青→铺撒第二层矿料→碾压→洒布第三层沥青→铺撒第三层矿料→碾压→初期养护。其主要的具体过程为：

1. 清扫基层

在表面处治层施工前，应将路面基层清扫干净，使基层矿料大部分外露，并保持干燥。对有坑槽、不平整的路段应先修补和整平，若基层整体强度不足，则应先予补强。

2. 浇洒透层沥青

透层是为使沥青面层与非沥青材料基层结合良好，在基层上浇洒乳化沥青、煤沥青或液体沥青而形成的透入基层表面的薄层。沥青路面的级配砂砾、级配碎石基层及水泥、石灰、粉煤灰等无机结合料稳定土或粒料的半刚性基层上必须浇洒透层沥青。在旧沥青路面、水泥混凝土路面、块石路面上铺筑沥青表面处治路面时，可在第一层沥青用量中增加 10% ~ 20%，不再另洒透层油或粘层油。

透层沥青宜采用慢裂的洒布型乳化沥青，也可采用中、慢凝液体石油沥青或煤沥青。透层沥青的稠度宜通过试洒确定，表面致密的半刚性基层宜采用渗透性好的较稀的透层沥青；级配砂砾、级配碎石等粒料基层宜采用较稠的透层沥青。各种透层沥青的品种和用量见表4-2。

沥青路面透层材料的规格与用量　　　　表 4-2

用途		乳化沥青		液体沥青		煤沥青	
		规格	用量 (L/m²)	规格	用量 (L/m²)	规格	用量 (L/m²)
透层	粒料基层	PC - 2	1.1 ~ 1.6	AL ~ (M) ~ 1 (2)	0.9 ~ 1.2	T - 1	1.0 ~ 1.3
		PA - 2		AL ~ (S) ~ 1 (2)		T - 2	
	半刚性基层	PC - 2	0.7 ~ 1.1	AL ~ (M) ~ 1 (2)	0.6 ~ 1.0	T - 1	0.7 ~ 1.0

透层应紧接在基层施工结束表面稍干后浇洒。当基层完工后时间较长，表面过分干燥时，应在基层表面少量洒水并待表面稍干后浇洒透层沥青。透层沥青应采用沥青洒布车喷洒，当用于表面处治或贯入式路面喷洒沥青的喷嘴不能保证喷洒均匀时，应更换喷嘴。在浇洒透层沥青时还应注意以下事项：

（1）浇洒透层前，路面应清扫干净，对路缘石及人工构造物应适当防护，以防污染；

（2）透层沥青洒布后应不致流淌，渗透入基层一定深度不得在表面形成油膜；

（3）如遇大风或即将降雨时，不得浇洒透层沥青；

（4）气温低于10℃时，不宜浇洒透层沥青；

（5）应按设计的沥青用量一次浇洒均匀，当有遗漏时，应用人工补洒；

（6）浇洒透层沥青后，严禁车辆、行人通过；

（7）在铺筑沥青面层前，若局部地方尚有多余的透层沥青未渗入基层时，应予清除。

在无机结合料稳定半刚性基层上浇洒透层沥青后，应立即撒布用量为 $2 \sim 3 m^3/1000 m^2$ 的石屑或粗砂。在无结合料稳定半刚基层上浇洒透层沥青后，当不能及时铺筑面层，并需开放施工车辆通行时，也应撒铺适量的石屑或粗砂，此种情况下，透层沥青用量宜增加10%。撒布石屑或粗砂后，应用 6 ~ 8t 钢筒式压路机稳压一遍。当通行车辆时，应控制车速。在铺筑沥青面层前如发现局部地方透层沥青剥落，应予修补，当有多余的浮动石屑或砂时，应予扫除。透层洒布后应尽早铺筑沥青面层。当用乳化沥青作透层时，洒布后应待其充分渗透、水分蒸发方可铺筑沥青面层，此段时间不宜少于24h。

3. 洒布第一层沥青

在透层沥青充分渗透后，或在已做透层并已开放交通的基层清扫后，即可洒布第一层沥青。

4. 铺撒第一层矿料

洒布第一层沥青后（不必等全段洒完），应立即铺撒第一层矿料，当使用乳化沥青时，集料撒布必须在乳液破乳之前完成，其数量按规定一次撒足。矿料要铺撒均匀，局部缺料或过多处，用人工适当找补，或将多余矿料扫出。矿料不应有重叠或漏空现象，以达到全面覆盖、厚度一致、集料不重叠、也不露出沥青的要求。两幅搭接处，第一幅洒布沥青后应暂留 10～15cm 宽度不撒矿料，待第二幅洒布沥青后一起铺撒矿料。无论机械或人工铺撒矿料，撒料后应及时扫匀，普遍覆盖一层，厚度一致，不应露沥青。

5. 碾压

铺撒一段矿料后（不必等全段铺完），应立即用 6～8t 钢筒双轮压路机或轮胎压路机碾压。碾压时应从路边逐渐移至路中心，然后再从另一边开始压向路中心。每次轮迹重叠宽度宜为 30cm，碾压 3～4 遍。压路机行驶速度开始不宜超过 2km/h，以后可适当增加。

6. 第二层、第三层施工

第二层、第三层的施工方法和要求与第一层相同，但可采用 8～10t 压路机。当使用乳化沥青时，第二层撒布 S12 碎石作嵌缝料后尚应增加一层封层料。其规格为 S14，用量为 3.5～5.5m³/1000m²。

7. 初期养护

除乳化沥青表面处治应待破乳后水分蒸发并基本成形后方可通车外，其他处治碾压结束后即可开放交通。通车初期应设专人指挥交通或设置障碍物控制行车，使路面全部宽度获得均匀压实。成型前应限制行车速度不超过 20km/h，严禁畜力车及铁轮车行驶，使路面全部宽度均匀压实。在通车初期，如有泛油现象，应在泛油地点补撒与最后一层矿料规格相同的养护料（城市道路的养护料，宜在施工时与最后一遍料一起铺撒），并仔细扫匀。过多的浮动矿料应扫出路面外，以免搓动其他已经粘着在位的矿料，当有其他破坏现象时，应及时进行修补。

第五章　沥青贯入式路面

沥青贯入式（碎石）路面主要指在初步碾压的集料层上撒布沥青，再分层铺撒嵌压，并借行车压实而形成的路面。沥青贯入式碎石是靠矿料颗粒间的锁结作用以及沥青的粘结作用获得较高的强度，有较大的荷载分布能力，在柔性路面的整体强度中，它可起较重要的作用。

第一节　材料及一般要求

一、一般要求

1. 沥青贯入式路面适用于三级及三级以下公路，也可作为沥青路面的联结层或基层。

2. 沥青贯入式路面的厚度宜为 4～8cm，但乳化沥青贯入式路面的厚度不宜超过 5cm。当贯入层上部加铺拌合的沥青混合料面层成为上拌下贯式路面时，拌合层的厚度宜不小于1.5cm。

3. 沥青贯入式路面的最上层应撒布封层料或加铺拌合层。沥青贯入层作为联结层使用时，可不撒表面封层料。

4. 沥青贯入式路面宜选择在干燥和较热的季节施工，并宜在日最高温度降低至15℃以前半个月结束，使贯入式结构层通过开放交通碾压成型。

二、材料要求

1. 集料

沥青贯入式路面的集料应选择有棱角、嵌挤性好的坚硬石料，其规格和用量宜根据贯入层厚度按表5-1或表5-2选用。当使用破碎砾石时，其破碎面应符合表5-3的要求。沥青贯入层主层集料中大于粒径范围中值的数量不宜少于50%。细粒料含量偏多时，嵌缝料用量宜采用低限。表面不加铺拌合层的贯入式路面在施工结束后每1000m²应另备2~3m³石屑或粗砂等供初期养护使用，石屑或粗砂的规格应与最后一层嵌缝料规格相同。

沥青贯入层的主层集料最大粒径宜与贯入层厚度相当。当采用乳化沥青时，主层集料最大粒径可采用厚度的0.8~0.85倍，数量宜按压实系数1.25~1.30计算。

主层石料的最大粒径应与压实层相同或接近主石料的标称最大粒径 D 与标称最小粒径 D 之比，一般都小于2；最小的为1.3：即通常都采用粒径均匀的石料，石料愈均匀，石料层下部和上部的孔隙愈大。

2. 结合料

沥青贯入式路面的结合料可采用道路石油沥青、煤沥青或乳化沥青，沥青标号按表5-4、表5-5选用。当采用石油沥青和乳化沥青时，沥青用量和乳液用量应按规范规定选定。当采用煤沥青时，沥青用量应相应增加15%~20%。

贯入式路面各层分次沥青用量应根据施工气温及沥青标号等在规定范围内选用，在寒冷地带或当施工季节气温较低、沥青针入度较小时，沥青用量宜用高限。在低温潮湿气候下用乳化沥青贯入时，应按乳液总用量不变的原则进行调整，上层较正常情况适当增加，下层较正常情况适当减少。

沥青贯入式路面材料规格和用量

表 5-1

沥青品种	石油沥青					
厚度（cm）	4		5		6	
规格和用量	规格	用量	规格	用量	规格	用量
封层料	S14	3~5	S14	3~5	S13（S14）	4~6
第三遍沥青		1.0~1.2		1.0~1.2		1.0~1.2
第二遍嵌缝料	S12	6~7	S11（S10）	10~12	S11（S10）	10~12
第二遍沥青		1.6~1.8		1.8~2.0		2.0~2.2
第一遍嵌缝料	S10（S9）	12~14	S8	12~14	S8（S6）	16~18
第一遍沥青		1.8~2.1		1.6~1.8		2.8~3.0
主层石料	S5	45~50	S4	55~60	S3（S4）	66~76
沥青总用量	4.4~5.1		5.2~5.8		5.8~6.4	

沥青品种	石油沥青				乳化沥青	
厚度（cm）	7		8		5	
规格和用量	规格	用量	规格	用量	规格	用量
封层料	S13（S14）	4~6	S13（S14）	4~6	S14	4~6
第五遍沥青						0.8~1.0

续表

沥青品种	石油沥青				乳化沥青			
厚度（cm）	7		8		4		5	
规格和用量	规格	用量	规格	用量	规格	用量	规格	用量
第四遍嵌缝料							S14	5~6
第四遍沥青						0.8~1.0		1.2~1.4
第三遍嵌缝料					S14	5~6	S12	7~9
第三遍沥青		1.0~1.2		1.0~1.2		1.4~1.6		1.5~1.7
第二遍嵌缝料	S10 (S11)	11~13	S10 (S11)	11~13	S12	7~8	S10	9~11
第二遍沥青		2.4~2.6		2.6~2.8		1.6~1.8		1.6~1.8
第一遍嵌缝料	S6 (S8)	18~20	S6 (S8)	20~22	S9	12~14	S8	10~12
第一遍沥青		3.3~3.5		4.4~4.2		2.2~2.4		2.6~2.8
主层石料	S2	80~90	S1 (S2)	95~100	S5	40~45	S4	50~55
沥青总用量	6.7~7.3		7.6~8.2		6.0~6.8		7.4~8.5	

注：（用量单位：集料：$m^3/1000m^2$，沥青及沥青乳液：kg/m^2）

1. 煤沥青贯入式的沥青用量可较石油沥青用量增加 15%~20%；
2. 表中乳化沥青是指乳液的用量，并适用于乳液浓度约为60%的情况，如果浓度不同，用量应予换算；
3. 在高寒地区及干旱风砂大的地区，可超出高限，再增加 5%~10%。

上拌下贯式路面的材料规格和用量 表 5-2

沥青品种	石油沥青					
厚度（cm）	4		5		6	
规格和用量	规格	用量	规格	用量	规格	用量
第二遍嵌缝料	S12	5~6	S12 (S11)	7~9	S12 (S11)	7~9
第二遍沥青		1.4~1.6		1.6~1.8		1.6~1.8
第一遍嵌缝料	S10 (S9)	12~14	S8	16~18	S8 (S7)	16~18
第一遍沥青		2.0~2.3		2.6~2.8		3.2~3.4
主层石料	S5	45~50	S4	55~60	S3 (S2)	66~76
沥青总用量		3.4~3.9		4.2~4.6		4.8~5.2

沥青品种	石油沥青				乳化沥青	
厚度（cm）	7		5		6	
规格和用量	规格	用量	规格	用量	规格	用量
第四遍嵌缝料			S14	4~6	S14	4~6
第四遍沥青						1.3~1.5
第三遍嵌缝料					S12	8~10

续表

沥青品种	石油沥青					
厚度(cm)	4		5		6	
规格和用量	规格	用量	规格	用量	规格	用量
第三遍沥青				1.4~1.6		1.4~1.6
第二遍嵌料	S10(S11)	8~10	S12	9~10	S9	8~12
第二遍沥青		1.7~1.9		1.8~2.0		1.5~1.7
第一遍嵌料	S6(S8)	18~20	S8	15~17	S6	24~26
第一遍沥青		4.0~4.2		2.5~2.7		2.4~2.6
主层石料	S2(S3)	80~90	S4	50~55	S3	50~55
沥青总用量	5.7~6.1		5.9~6.2		6.7~7.2	

注：(用量单位：集料：$m^3/1000m^2$，沥青及沥青液：kg/m^2)

1. 煤沥青贯入式的沥青用量可较石油沥青用量增加15%~20%；
2. 表中乳化沥青是指乳液的用量，并适用于乳液浓度约为60%的情况；
3. 在高寒地区及干旱风砂大的地区，可超出高限，再增加5%~10%；
4. 表面加铺拌合层部分的材料规格及沥青（或乳化沥青）用量按热拌沥青碎石混合料（或乳化沥青碎石混合料路面）的有关规定执行。

表 5-3

粗集料对破碎面的要求

路面部位或混合料类型	具有一定数量破碎面颗粒的含量（%）		试验方法
	1 个破碎面	2 个或 2 个以上破碎面	
沥青路面表面层			T0361
高速公路、一级公路	100	90	
其他等级公路	80	60	
沥青路面中下面层、基层			
高速公路、一级公路	90	80	
其他等级公路	70	50	
SMA 混合料	100	90	
贯入式路面	80	60	

表 5-4

道路用乳化沥青技术要求

试验项目	单位	品种及代号										试验方法
		阳离子				阴离子				非离子		
		喷洒用			拌合用	喷洒用			拌合用	喷洒用	拌合用	
		PC－1	PC－2	PC－3	BC－1	PA－1	PA－2	PA－3	BA－1	PN－2	BN－1	
破乳速度		快裂	慢裂或中裂	慢裂	快裂或中裂	快裂	慢裂或中裂	慢裂	快裂或中裂	慢裂	慢裂	T0658

续表

试验项目	单位	阳离子				阴离子				非离子		试验方法
		喷洒用		拌合用		喷洒用		拌合用		喷洒用	拌合用	
		PC-1	PC-2	PC-3	BC-1	PA-1	PA-2	PA-3	BA-1	PN-2	BN-1	
粒子电荷		阳离子（＋）				阴离子（－）				非离子		T0653
筛上残留物（1.18mm筛）≤	%	0.1				0.1				0.1		T0652
粘度　恩格拉粘度计 E_{25}	s	2~10	1~6	1~6	2~30	2~10	1~6	1~6	2~30	1~6	2~30	T0622
道路标准粘度计 $C_{25,3}$	s	10~25	8~20	8~20	10~60	10~25	8~20	8~20	10~60	8~20	10~60	T0621
蒸发残留物　残留分含量 ≥	%	50	50	50	55	50	50	50	55	50	55	T0651
溶解度 ≥	%	97.5				97.5				97.5		T0607
针入度（25℃）	0.1mm	50~300	50~300	45~150	50~200	50~300	50~300	45~150	50~200	50~300	50~200	T0604
延度（15℃） ≥	cm	40				40				40		T0605
与粗集料的粘附性，裹附面积 ≥		2/3		—		2/3		—		2/3	—	T0654

续表

试验项目	单位	阳离子				阴离子				非离子			试验方法
		喷洒用		拌合用		喷洒用			拌合用	喷洒用		拌合用	
		PC-1	PC-2	PC-3	BC-1	PA-1	PA-2	PA-3	BA-1	PN-1	PN-2	BN-1	
与粗、细粒式集料拌合试验		—		均匀		—			均匀	—		均匀	T0659
水泥拌合试验的筛上剩余≤	%	—		—		—			—	—		3	T0657
常温贮存稳定性：1d ≤	%	1				1				1			T0655
5d ≤		5				5				5			

注：1. P 为喷洒型，B 为拌合型，C、A、N 分别表示阳离子、阴离子、非离子乳化沥青；

2. 粘度可选用恩格拉粘度计或沥青标准粘度计之一测定；

3. 表中的破乳速度、与集料的粘附性、拌合试验的要求与所使用的石料种类有关，质量检验时应采用工程上实际的石料进行试验，仅进行乳化沥青产品质量评定时可不要求此三项指标；

4. 贮存稳定性根据施工实际情况选用试验时间，通常采用 5d，乳化沥青产品生产后能在当天使用时也可用 1d 的稳定性；

5. 当乳化沥青需要在低温冰冻条件下贮存或使用时，尚需按 T0656 进行 -5℃ 低温贮存稳定性试验，要求没有粗颗粒、不结块；

6. 如果乳化沥青是高浓度产品运到现场经稀释后使用时，表中的蒸发残留物等各项指标指稀释前乳化沥青的要求。

道路用煤沥青技术要求　　　　表5-5

试验项目		T-1	T-2	T-3	T-4	T-5	T-6	T-7	T-8	T-9	试验方法
粘度（s）	$C_{30,5}$	5~25	26~70								T0621
	$C_{30,10}$			5~25							
	$C_{50,10}$				26~50	51~120	121~200	10~75			
	$C_{60,10}$								76~200	35~65	
蒸馏试验，馏出量（%）	170℃前 ≤	3	3	3	2	1.5	1.5	1.0	1.0	1.0	T0641
	270℃前 ≤	20	20	20	15	15	15	10	10	10	
	300℃	15~35	15~35	30	30	25	25	20	20	15	
300℃蒸馏残留物软化点（环球法）（℃）		30~45	30~45	35~65	35~65	35~65	35~65	40~70	40~70	40~70	T0606
水分 ≤（%）		1.0	1.0	1.0	1.0	1.0	0.5	0.5	0.5	0.5	T0612
甲苯不溶物 ≤（%）		20	20	20	20	20	20	20	20	20	T0646
萘含量 ≤（%）		5	5	5	4	4	3.5	3	2	2	T0645
焦油酸含量 ≤（%）		4	4	3	3	2.5	2.5	1.5	1.5	1.5	T0642

第二节 施 工 准 备

1. 沥青贯入式路面施工前，基层应清扫干净。当需要安装路缘石时，应在路缘石安装完成以后施工。

2. 乳化沥青贯入式路面必须浇洒透层或粘层沥青。当沥青贯入式路面厚度小于或等于5cm时，也应浇洒透层或粘层沥青。

3. 施工前应检查沥青洒布车的油泵系统、输油管道、油量表、保温设备等。将一定数量的沥青装入油罐后，应先在路上试洒，确定喷洒速度及洒油量。每次喷洒前喷油嘴应保持干净，管道应畅通，喷油嘴的角度应一致，并与洒油管成15°～20°的夹角。洒油管的高度应控制同一地点接受两个或三个喷油嘴喷洒的沥青，并不得出现花白条。在有风的天气下不宜使用三重喷洒高度。

4. 集料撒布机使用前应先检查其传动和液压调整系统，并应进行试洒，确定撒布各种规格集料时应控制下料间隙及行驶速度。当为半幅施工并采用人工撒布集料时，应先在半幅等距离划分小段，并应按规定用量备足集料，以后每层按同样方法备料。

一、准备下承层

沥青贯入式面层施工前，先检测其下承层高程、宽度、横坡度，然后人工清扫其表面，做到表面干燥、清洁，无松散的石料、灰尘与杂质。使基层的矿料大部分外露，并保持干燥；若基层整体强度不足时，则应先予以补强。检查确认下层的质量，当下层质量不符合要求，或未按规定洒布透层、粘层沥青或铺热下封层时，不得铺筑沥青面层。当有路缘石时，应在安装路缘石以后施工。乳化沥青贯入式路面必须浇洒透层或粘层沥青。沥青贯入式路面厚度小于或等于 5cm 时，也应浇洒透层或粘层沥青。

二、施工机械

1. 沥青贯入式路面的主层集料可采用碎石摊铺机或人工摊铺。嵌缝料宜采用集料撒布机撒布。

采用集料撒布机不仅使工作进展快，而且按需要的撒布率把集料洒布更平整和精确。撒布机还有一个优点是令撒布时集料更紧贴道路表面，从而减少了集料跳离路面露出粘结料或跳到以外部位而使粘结料滞留在表面的情况发生。

2. 沥青洒布车在洒布时要保持稳定的速度和喷洒量，并应在整个宽度内均匀喷洒。

3. 沥青贯入式路面施工的压路机宜采用 6～8t 及 10～12t 进行碾压，其主层集料宜用钢筒式压路机碾压。碾压时，应使集料嵌挤紧密，石料不得有较多压碎现象。

三、施工放样

1. 恢复中线：直线段每 15～20m 设一桩，平曲线段每 10～15m 设一桩，并在两侧路肩边缘外设指示桩。

2. 挂钢丝绳：根据水平测量，在两侧钢筋桩上挂 ϕ3mm 钢丝绳，钢丝绳的高度以设计高确定，并用紧线器拉紧。摊铺机根据两侧的钢丝绳控制标高和横坡。

第三节 施 工 工 艺

沥青贯入式路面宜在干燥和较热的季节施工，并宜在雨季及日最高温度低于15℃到来以前半个月结束，使贯入式结构层通过开放交通碾压成型。

一、摊铺主层集料及初压

用摊铺机摊铺主层集料。摊铺时避免颗粒大小不均，并检查松铺厚度。摊铺后严禁车辆在铺好的集料层上通行。主层集料摊铺后采用6~8t的钢筒式压路机进行初压，碾压速度为2km/h。碾压自路边缘逐渐向路中心，每次轮迹重叠约30cm，以此为碾压一遍。然后检验路拱和纵向坡度，当不符合要求时，调整找平再压，至集料无显著推移为止。然后再用压路机进行碾压，每次轮迹重叠1/2左右，碾压4~6遍，直到主层集料嵌挤稳定，无显著轮迹为止。

二、浇洒第一层沥青

主层集料碾压完毕后，立即浇洒第一层沥青。洒布沥青应符合下列要求（同表面处治浇洒方法相同）：

1. 沥青的浇洒温度应根据施工气温及沥青标号来选择，石油沥青的洒布温度宜为130~170℃，煤沥青的洒布温度宜为80~120℃。乳化沥青在常温下洒布，当气温偏低需要加快破乳速度时，可将乳液加温后洒布，但乳液温度不得超过60℃。

2. 沥青要洒布均匀，不应有空白或积聚现象，以免日后产生松散、壅包或堆挤等病害。采用汽车洒布机洒布沥青时，应根据单位面积沥青用量选定洒布机排档和油泵机档。洒布汽车行驶的速度要均匀。当发现浇洒沥青后有空白、缺边时，应及时进行人工补洒，当有沥青积聚时应刮除。

3. 沥青浇洒的长度应与集料撒布机的能力相配合，应避免沥青浇洒后等待较长时间才撒布集料。

4. 前后两段喷洒的接茬应搭接良好。在每段接茬处，可用铁板或建筑纸等横铺在本段起洒点前及终点后，其长度宜为 1 ~ 1.5m。当需要分幅浇洒时，纵向搭接宽度宜为 10 ~ 15cm。

5. 除阳离子乳化沥青外，不得在潮湿的集料、基层或旧路面上浇洒沥青。

6. 对道路人工构造物及各种管井盖座、侧平石、路缘石等外露部分以及人行道道面等，洒油时应加遮盖，防止污染。

当采用乳化沥青贯入时，应防止乳液下漏过多。当主层集料碾压稳定后，应先撒布一部分上一层嵌缝料，再浇洒主层沥青。

三、撒布第一层嵌缝料及碾压

主层沥青浇洒后，立即均匀撒布第一层嵌缝料，嵌缝料撒布后立即扫匀，不足处找补。嵌缝料扫匀后立即用钢筒及振动压路机进行碾压，轮迹重叠 1/2 左右，碾压 4 ~ 6 遍，直至稳定为止。碾压时随压随扫，使嵌缝料均匀嵌入。因气温过高使碾压过程中发生较大推移现象时，立即停止碾压，待气温稍低时再继续碾压。

四、浇洒沥青和撒布嵌缝料

浇洒第二层沥青，撒布第二层嵌缝料，然后碾压，再浇洒第三层沥青。

五、撒布封层料

施工方法与撒布嵌缝料相同。

六、碾压

采用 6~8t 钢筒及振动压路机碾压 2~4 遍。

七、交通控制

碾压结束后即可开放交通，但应禁止车辆快速行驶（不超过 20km/h），要控制车辆行驶的路线，使路面个幅宽度获得均匀碾压，加速路面稳定成型。对局部泛油、松散、麻面等现象，应及时修整处理。通车初期应设专人指挥交通或设置障碍物控制行车，并使路面全部宽度均匀压实。在路面完全成型前应限制行车速度不超过 20km/h，严禁兽力车及铁轮车行驶。

八、初期养护

沥青贯入式路面施工后应进行初期养护。当发现有泛油时，应在泛油处补撒嵌缝料，并应扫匀。当有过多的浮动集料时，应扫出路面，并不得搓动已经粘着在位的集料。如有其他破坏现象，也应及时进行修补。

当沥青贯入式路面表面不采用撒布封层料而加铺沥青混合料拌合层时，应紧跟贯入层施工，上下应成为一个整体。贯入部分采用乳化沥青时，应待其破乳、水分蒸发且成型稳定后方可铺筑拌合层。当拌合层与贯入部分不能连续施工，且要在短期内通行施工车辆时，贯入层部分的第二遍嵌缝料用量应增加 2~3m³/1000m²。在摊铺拌合层沥青混合料前，应清除贯入层表面的杂物、尘土以及浮动石料，再补充碾压一遍，并应浇洒粘层沥青。

第四节 施工要点及注意事项

1. 对沥青贯入式路面施工要求与沥青表面处治基本相同，除注意施工各工序紧密衔接不要脱节之外，还应根据碾压机具，洒布沥青设备和数量来安排每一作业段的长度，力求当天施工的路段当天完成，以免因沥青冷却而不能裹覆矿料和产生尘土污染矿料等不良后果。

2. 适度的碾压在贯入式路面施工中极为重要。碾压不足会影响集料嵌挤稳定，且易使沥青流失，形成层次上、下部沥青分布不均。但过度的碾压，则集料易于压碎，破坏嵌挤原则，造成孔隙减少，沥青难以下渗，形成泛油。因此，应根据矿料的等级、沥青材料的标号、施工气温等因素来确定各次碾压所使用的压路机重量和碾压遍数，当碾压时有粘轮现象时，在碾轮上少量洒水。

3. 沥青贯入式面层质量好坏的另两个标志是泛油情况和平整度。泛油通常是由于沥青（特别是表面沥青）过多所引起。如果某层嵌缝料数量过多，则会在主层石料上单独形成一层，而且嵌缝料被压碎的过多，使后一次喷洒的沥青难以下贯，也会导致泛油现象。泛油使面层表面软化、变形、光滑，使行驶条件变坏。

4. 利用试验、检测对施工工程质量进行控制；自检小组把住现场自检关；施工班组把好每道工序关，严格按技术规范要求和监理程序准备原材料，施工前对下承层上的浮土、杂物全部清除。

5. 开工前在技术规范规定时间内，按监理工程师批准的试验段实施方案铺筑规范规定长度的试验段，对计划用于本工程的材料、配比、松铺系数、洒布车、压实设备和施工工艺进行试验，取得满足规范要求并经监理工程师批准的试验数据，以指导施工。

6. 压实成型后的路面做好早期养护，并封闭交通 2~6h。

7. 沥青贯入式路面施工选择在干燥和较热的季节，并在雨季前及日最高温度低于15℃到来以前半个月结束。

8. 沥青贯入式碎石层（含面层和基层）的施工往往难于保证质量，其原因如下：

（1）石料堆放过程中易被尘土和雨水污染，污染的碎石不能与沥青相粘结；

（2）除非用碎石摊铺机摊铺主层碎石，否则碎石层的平整度和高程都难以控制在规范允许的误差范围内；

（3）沥青用量难于控制准确并且难于避免喷洒重叠。

因此，在高等级道路上一般都不采用贯入式碎石做底面层。一些发达国家的道路上已不再采用贯入式碎石这种结构层，而改用沥青碎石混合料；由于贯入式碎石结构层施工要求的机械设备较少，也较简单，施工进度较快，这种形式的路面结构层在我国一般道路的建设中仍被广泛应用。

第六章　透层、封层与粘层

目前在我国高速公路建设中，普遍采用的是沥青混凝土路面。为谋求更高的质量标准，在路基、路面及其结构组成方面进行了许多优化和改进。为了提高路面的承载力、耐久性和提高抗水能力，对于沥青混凝土路面各层间的处理也越来越重视，透层、粘层、封层的作用也显得越来越重要。沥青路面的透层与粘层、封层均为沥青路面主要结构层层间界面处的处治层，但其在所处部位、功能作用、技术要求以及工艺方法等方面又不尽相同。

第一节　一　般　规　定

粘层、封层与透层一样兼顾到粘结、封闭、防水等目的。但它们与透层处治有所不同，粘层是将两个独立的层次在界面上进行粘结，往往并不能完全封住水。封层的目的主要是封住水，所以它除了与所联结的层次有良好的粘结外，还必须有一定的厚度，形成一薄层，如 5mm 或 10mm 厚的沥青石屑混合料层。对设在半刚性基层上的下封层来说，它并不能代替透层油，即在半刚性基层上需要事先洒布一层透层油，在经过充分渗透固结之后，才能在其上做封层，否则封层沥青不可能牢固地粘结基层以及起到封闭防水作用。

透层的定义：为使沥青面层与非沥青材料基层结合良好，在基层上喷洒液体石油沥青、乳化沥青、煤沥青而形成的透入基层表面一定深度的薄层。同时规定：沥青路面各类基层都必须喷洒透层油。基层上设置下封层时，透层油不宜省略。国内规范明确规定指出透层应用的范围是各类基层。

粘层的定义：为加强路面沥青层与沥青层之间、沥青层与水泥混凝土路面之间的粘结而洒布的沥青材料薄层。

封层的定义：为封闭表面孔隙、防止水分侵入而在沥青面层或基层上铺筑的有一定厚度的沥青混合料薄层。铺筑在沥青面层表面的称为上封层，铺筑在沥青面层下面、基层表面的称为下封层。

为加强路面结构各层之间的紧密结合，提高路面结构整体性，避免产生层间滑移。这就要求：

1. 各种基层上应设置透层沥青。透层沥青应具有良好的渗透性能，可用液体沥青、稀释沥青、乳化沥青等。洒布数量宜通过现场试验确定，对粒料基层应透入 3~6mm 为宜。

2. 在半刚性基层上应设下封层。

3. 沥青层之间应设粘层，粘层沥青宜用乳化沥青，洒布数量宜为 0.3~0.5kg/m² 。

4. 新、旧沥青层之间，沥青层与旧水泥混凝土板之间应洒布粘层沥青，宜用热沥青、改性热沥青或改性乳化沥青。拓宽路面时，新、旧路面相接处，宜喷涂粘结沥青。

第二节 封 层

封层是为封闭表面孔隙、防止水分侵入而在沥青面层或基层上铺筑的有一定厚度的沥青混合料薄层。铺筑在沥青面层表面的称为上封层，铺筑在沥青面层下面、基层表面的称为下封层。

一、上封层

上封层是铺设在沥青层上面，起封闭水分及抵抗车轮磨耗作用的层次，实际上也是表面处治的一种。通常认为表面处治的厚度一般较厚，而封层通常较薄。根据情况可选择乳化沥青稀浆封层、微表处、改性沥青集料封层、薄层磨耗层或其他适宜的材料。

1. 材料性能

上封层的结合料应根据设置上封层的用途，公路等级，交通量等级，气候特点等选择，并与旧沥青面层用的沥青标号一致或更高一级。根据情况可选择乳化沥青稀浆封层、改性沥青集料封层、改性乳化沥青微表处，也可采用其他适宜的材料。重交通石油沥青、改性沥青、改性乳化沥青、乳化沥青等均可选用，目前国内外应用广泛的上封层是同步碎石封层技术。

（1）同步碎石封层材料

1）粘结料。同步碎石封层技术对适用沥青没有特别严格的要求，可以根据需要与要求使用不同的沥青结合料，如沥青、改性沥青、乳化沥青、改性乳化沥青、稀释沥青等，热沥青主要用于大规模封层。

2）集料。碎石要求经过反击破碎（或锤式破碎）得到的碎石，针片状石料严格控制在 15% 以内，几何尺寸要好，不含杂质和石粉，压碎值小于 14%，对石料酸碱性无特殊要求，并严格经过水洗风干。

（2）同步碎石封层施工工艺及注意事项

1）常用的结构。普遍采用间断级配结构，碎石封层对所用石料粒径范围有严格要求，即等粒径石料最理想。根据石料加工的难易程度及路面防滑性能的要求不同，可分 2 ~ 4mm, 4 ~

6mm，6～10mm，8～12mm，10～14mm 共 5 档，比较常用的粒径范围为 4～6mm，6～10mm 这两种，而 8～12mm 和 10～14mm 两档主要用于低等级公路过渡型路面的下面层或中面层。

2）根据路面平整度情况和抗滑性能要求确定石料的粒径范围。一般路面养护进行一次碎石封层即可，在路面平整度较差的情况下可选用适宜粒径的石料作为下封层找平，然后再做上封层。碎石封层作为低等级公路路面时须 2 层或 3 层，各层石料粒径应互相搭配以便产生嵌挤作用，一般遵循下粗上细的原则。

3）封层前要对原路面进行认真清扫，作业过程中应保证足够数量的胶轮压路机以便在沥青温度降低之前或乳化沥青破乳后能及时完成碾压定位工序。另外，封层后即可通车，但在初期应限制车速，待 2h 后可完全开放交通，从而防止快速行车造成石子飞溅。

4）使用改性沥青作为粘结料时，为保证雾状喷洒而形成均匀、等厚度的沥青膜，必须保证沥青的温度在 160～170℃ 范围内。

5）同步碎石封层车的喷油嘴高度不同，所形成的沥青膜厚度会不同（因为各个喷嘴喷出的扇形雾状沥青重叠情况不同），通过调整喷嘴高度使得沥青膜的厚度符合要求。

6）同步碎石封层车应以适宜的速度均匀行驶，在此前提下石料和粘结料两者的撒布率必须匹配。

7）作为表处层或磨耗层的碎石封层，其使用条件是原路面平整度和强度满足要求。

（3）稀浆封层可分为单层、双层

单层稀浆封层厚度为 4～10mm；双层稀浆封层厚度为 8～20mm。稀浆封层可分为普通乳化沥青稀浆封层、改性乳化沥青稀浆封层。

1）ES-1、ES-2 可用于四级公路单层稀浆封层简易表处，以防止尘土飞扬、保护环境。

2）ES－2 型是铺筑一般公路具有中等粗糙度的磨耗层，也可适用于旧路修复罩面或二级以上公路的下封层。

3）ES－3 型适用于二级及以上公路的抗滑表层，用于恢复抗滑性能。

4）对交通量小的公路可用单、双层稀浆封层，ES－1 适用于低交通道路的薄层罩面处理，尤其适宜于寒冷地区低交通道路使用。交通量较大时，可用双层稀浆封层，下层可用 ES－2，上层用 ES－1；或下层 ES－3，上层 ES－2。

稀浆封层的集料的规格和用量应符合表 6-1 的要求。

稀浆封层的集料规格与用量范围   表 6-1

| 筛孔尺寸（mm） | 不同类型通过各筛孔的百分率（%） | | | 施工允许波动范围 |
| | 普通稀浆封层和改性稀浆封层 | | | |
	ES－1 型	ES－2 型	ES－3 型	
9.5		100	100	
4.75	100	90~100	70~90	±5%
2.36	90~100	65~90	45~70	±5%
1.18	60~90	45~70	28~50	±5%
0.6	40~65	30~50	19~34	±5%
0.3	25~42	18~30	12~25	±4%
0.15	15~30	10~21	7~18	±3%
0.075	10~20	5~15	5~15	±2%
一层的适宜厚度（mm）	2.5~3	4~6	8~10	

2．施工工艺要求

铺设上封层的下卧层必须彻底清扫干净，对车辙、坑槽、裂缝进行处理或挖补。上封层的类型根据使用目的、路面的破损程度选用。裂缝较细、较密的可采用涂洒类密封剂、软化再生剂等涂刷罩面；对二级及二级以下公路的旧沥青路面可以采用普通的乳化沥青稀浆封层，也可在喷洒道路石油沥青后撒布石屑（砂）后碾压作封层；对高速公路、一级公路有轻微损坏的宜铺筑微表处；对用于改善抗滑性能的上封层可采用稀浆封层、微表处或改性沥青集料封层。

二、下封层

下封层是设在半刚性基层表面上，为了保护基层不被施工车辆破坏，利于半刚性材料养生，同时也为了防止雨水下渗到基层以下结构层内，以及加强面层与基层之间结合而设置的结构层。下封层虽有多种做法，实践证明沥青单层表处是经济、有效的方法之一。

沥青面层与半刚性基层在组成材料及施工工艺上存在明显的差异，面层与基层之间客观上形成了断层或滑动层。增设下封层后，与透层配合，能使面层与基层有效地连成一体，起到层间联结。同时具有传递荷载、防水抗渗、提高路面整体强度和承担临时交通、保护基层及对基层有养生的作用。

多雨潮湿地区的高速公路、一级公路的沥青面层孔隙率较大，有严重渗水可能，或铺筑基层不能及时铺筑沥青面层而需通行车辆时，宜在喷洒透层油后铺筑下封层。下封层宜采用层铺法表面处治或稀浆封层法施工。稀浆封层可采用乳化沥青或改性乳化沥青作结合料。下封层的厚度不宜小于6mm，且做到完全密水。

1. 下封层施工工艺

（1）待洒布透层油后，经检查无油膜或在残留油膜及塑料薄膜已刮除的情况下，经监理工程师确认，方可进行下封层的施工。

（2）封层沥青的喷洒量应通过沥青洒布车试洒和铺设试验

路段后确定。

（3）当封层沥青喷洒一段时间后，紧接着采用矿料撒布车撒布石料，撒布量通过试验路段确定，撒布量为 $4 \sim 7m^3/1000m^2$，覆盖面积为 70% 左右，局部采用人工辅助方法避免集料上下重叠，使石料均匀撒布于封层沥青顶面。

（4）用轻型轮胎压路机紧跟碾压，使封层材料与上基层紧密联结。

2．施工注意事项

（1）基层表面一定要清理干净，残留塑料薄膜、油膜则应刮除处理，灰尘地面清除一般经过清扫、气吹和水洗才能完成，使基层顶面集料颗粒部分外露。

（2）热沥青应做到喷洒均匀，且喷洒量符合规定。

（3）下封层施工中，集料撒布应均匀，用量不宜过高或过低。确保下封层对沥青混凝土层与基层地层间粘结，以及不过多地占用下面层厚度。同时，防止泛油现象的发生。

三、微表处和稀浆封层

微表处和稀浆封层必须采用专用机械施工，在施工养生期内的气温应高于 10℃，不得在雨天、过湿或积水的路面上进行施工。

1．微表处和稀浆封层对原路面的要求

（1）原路面必须有足够的结构强度，原路面整体结构强度不足的，不应采用微表处或稀浆封层；原路面局部结构强度不足的，必须根据具体情况选择合适的方法进行补强。

（2）原路面 15mm 以下的车辙可直接进行微表处罩面；深度 $15 \sim 25mm$ 的车辙应首先进行车辙填充，然后再进行微表处罩面，也可采用双层微表处；深度 $25 \sim 40mm$ 的车辙应首先采用多层微表处车辙填充；深度 40mm 以上车辙不宜采用微表处车辙填充处理。

（3）原路面宽度大于 5mm 的裂缝应进行灌缝处理。

（4）原路面局部破损（如坑槽、松散等）应彻底挖补。

（5）原路面的壅包等隆起型病害应事先进行处理。

2．施工工艺

（1）稀浆封层与微表处在施工过程中，应首先对摊铺设备进行标定，在标定已经完成并且合格后，封层机才能投入使用。

（2）在使用搅拌箱前用喷水管将路面进行预湿，喷水量可根据当天施工期间的气温、湿度、表面纹理和干燥情况进行调节。

（3）封层机在启动前，摊铺箱中必须有一定量的混合料，而且稠度适当，分布均匀，封层机才能匀速前进。

（4）在已完成的微表处路面上不得存在由超大粒径集料所引起的拖痕，如果出现拖痕，应立即采取措施。

（5）在纵向接缝或横向接缝上不允许出现接缝不平，局部漏铺或过厚，纵向接缝尽可能设置在标线上，并尽可能减少纵向接缝。

（6）在摊铺箱不能到达的地方必须采用人工施工，通过人工橡胶辊碾压封层达到均匀和平整。

（7）在未成型前禁止一切车辆驶入，行人不得踏入，严格管制交通。

第三节　透　　层

透层是为使沥青面层与非沥青材料基层结合良好，在基层上喷洒液体石油沥青、乳化沥青、煤沥青而形成的透入基层表面一定深度的薄层。

沥青路面各类基层都必须喷洒透层油，沥青层必须在透层油完全渗透入基层后方可铺筑。基层上设置下封层时，透层油不宜省略。气温低于10℃或大风、即将降雨时不得喷洒透层油。根据基层类型选择渗透性好的液体沥青、乳化沥青、煤沥青作透层油，喷洒后通过钻孔或挖掘确认透层油渗透入基层的深度宜不小于5mm（无机结合料稳定集料基层）～10mm（无结合料基层），并能与基层联结成为一体。透层油的粘度通过调节稀释剂的用量或乳化沥青的浓度得到适宜的粘度，基质沥青的针入度通常宜不小于100。透层用乳化沥青的蒸发残留物含量允许根据渗透情况适当调整，当使用成品乳化沥青时可通过稀释得到要求的粘度。透层用液体沥青的粘度通过调节煤油或轻柴油等稀释剂的品种和掺量经试验确定。透层油的用量通过试洒确定，不宜超出表6-2要求的范围。

沥青路面透层材料的规格和用量表　　表6-2

用途	液体沥青		乳化沥青		煤沥青	
	规格	用量（L/m²）	规格	用量（L/m²）	规格	用量（L/m²）
无结合料粒料基层	AL（M）-1、2或3 AL（S）-1、2或3	1.0～2.3	PC-2 PA-2	1.0～2.0	T-1 T-2	1.0～1.5
半刚性基层	AL（M）-1或2 AL（S）-1或2	0.6～1.5	PC-2 PA-2	0.7～1.5	T-1 T-2	0.7～1.0

注：表中用量是指包括稀释剂和水分等在内的液体沥青、乳化沥青的总量。乳化沥青中的残留物含量以50%为基准。

一、透层材料要求

透层油要渗透入基层，这是个先决条件。按规范要求，透层油需渗入到基层5～10mm以内，要经过充分渗透固结后，才能在其上做粘层或封层，否则只会在基层表面形成一层油膜，一经车辆行驶或搓动，就很容易被车轮粘走、卷皮或磨掉，不仅起不到固结、联结、封闭、防水的作用，还会导致上面沥青混凝土层的推移、脱落等损坏。

用于洒布于半刚性基层表面的透层沥青应采用稀释石油沥青，若不具备成品稀释沥青条件时可现场自行制备稀释沥青。为使透层与沥青底面层结合良好并避免施工材料管理上的困难，用于制备稀释沥青的基质沥青宜取用与底面层同一强度等级的普通沥青，对沥青材料的技术要求应符合《公路沥青路面施工技术规范》的相关规定。

为保证透层沥青洒布的充分与均匀，达到适宜的透入效果，在稀释度为 30% 的情况下，其洒布量控制在 $0.8 \sim 1 L/m^2$，工程实际应用中宜偏大考虑。

二、洒布时间的选择

透层油的洒布时间与渗透深度有密切的关系。试验和实践证明，透层油在半刚性基层尚未硬化的时候喷洒，其渗透深度最大，随着龄期的增长及强度的增加，透层油越来越难以渗透。在半刚性基层碾压结束后，由于半刚性材料尚未固结，基层接近级配碎石，透层油很容易渗入半刚性基层内，但随着半刚性材料强度的增加，其内部结构将越来越密实，透层油渗透也就越来越困难。所以，透层油的洒布应在基层碾压成型后尽快进行。各国对透层油洒布时间的规定基本上是一致的。例如，英国规范规定，对于水泥稳定类基层，透层油应在基层碾压成型后一个小时后尽快进行；美国高速公路施工规范规定，对于水泥稳定类基层，透层油应在终压之后立即进行；我国公路沥青路面施工技术规范规定，用于半刚性基层的透层油宜紧接在基层碾压成型后表面稍变干燥，但尚未硬化的情况下喷洒，在无结合料基层上洒布透层油时，宜在铺筑沥青层前 1~2d 洒布。

三、乳化沥青透层油的施工工艺

在实际施工中是用洒布车浇洒的，由于用量大，所以必须根据所摊铺的面积、标准乳液含量和单位面积上的沥青用量，来合理准确地计算出乳液的制备量，并计算出浇洒时洒布车的行进速度；一次浇洒成功，尽量不要补洒。乳液浇洒时，并采取如下一系列措施来确保浇洒的质量。

1. 要清洗干净基层的表面。首先用扫帚打扫两遍，再用水枪冲洗，使坑槽低凹处的粉尘随着水流排出路基。

2. 要保证乳液在基层表面潮湿（但无积水现象）状态下进行浇洒，以增大油分下渗量。若基层表面冲洗时的水分已经风干，要在浇洒前再进行洒水。

3. 严格控制破乳时间和面层摊铺的间隙时间。确保乳液在破乳前沥青下渗完成 70%，使沥青牢固地镶嵌在基层以内，待完成破乳下渗工序，水分全部蒸发后，尽早摊铺面层。摊铺面层的时间最早要待 24h 以后，但也不宜间隙太长，以不超过 3d 为宜。

4. 为确保施工机械和车辆的正常作业，乳液破乳后，可在其表面洒一些粗砂（不含粉尘物），数量要根据实际情况而定，但不要超过 $3m^3/1000m^2$。摊铺沥青混合料面层之前，注意要将所洒的粗砂彻底清扫干净。

四、施工注意事项

1. 气温低于 10℃ 或遇大风或即将降雨时不得喷洒透层沥青。

2. 透层油宜采用沥青洒布车一次喷洒均匀，使用的喷嘴宜根据透层油的种类和粘度选择并保证均匀喷洒，沥青洒布车喷洒不均匀时宜改用手工沥青洒布机喷洒。

3. 喷洒透层油前应清扫路面，遮挡防护路缘石及人工构造物避免污染，透层油必须洒布均匀，有花白遗漏应人工补洒，喷洒过量的立即撒布石屑或砂吸油，必要时做适当的碾压。

4. 透层油洒布后的养生时间随透层油的品种和气候条件由试验确定，确保液体沥青中的稀释剂全部挥发，乳化沥青渗透且水分蒸发，然后尽早铺筑沥青面层，防止工程车损坏透层。

5. 浇洒透层沥青后，在破乳未完成之前，严禁一切车辆和行人通过，破乳完成，并洒铺一定量的粗砂后，方可通行施工车辆。

6. 严防在低凹基层表面积成厚厚的油膜，若发现时要及时清除。

7. 在已安装了路缘石和有桥梁防撞墙的路段浇洒时，应将与以上类似的构造物用塑料布覆盖，以免对其造成污染，影响美观。

第四节 粘 层

粘层是为加强路面沥青层与沥青层之间、沥青层与水泥混凝土路面之间的粘结而洒布的沥青材料薄层。

规范规定符合下列情况之一时，必须喷洒粘层油：

（1）双层式或三层式热拌热铺沥青混合料路面的沥青层之间。

（2）水泥混凝土路面、沥青稳定碎石基层或旧沥青路面层上加铺沥青层。

（3）路缘石、雨水口、检查井等构造物与新铺沥青混合料接触的侧面。

一、粘层材料要求

粘层油品种和用量，应根据下卧层的类型通过试洒确定，并符合表 6-3 的要求。粘层油宜采用快裂或中裂乳化沥青、改性乳化沥青，也可采用快、中凝液体石油沥青，其规格和质量应符合本规范的要求，所使用的基质沥青强度等级宜与主层沥青混合料相同。当粘层油上铺筑薄层大孔隙排水路面时，粘层油的用量宜增加到 $0.6 \sim 1.0 L/m^2$。在沥青层之间兼作封层而喷洒的粘层油宜采用改性沥青或改性乳化沥青，其用量宜不少于 $1.0 L/m^2$。

沥青路面粘层材料的规格和用量表　　表 6-3

下卧层类型	液体沥青		乳化沥青	
	规格	用量（L/m²）	规格	用量（L/m²）
新建沥青层或旧沥青路面	AL（R）-3 ~ AL（R）-6 AL（M）-3 ~ AL（M）-6	0.3 ~ 0.5	PC-3 PA-3	0.3 ~ 0.6
水泥混凝土	AL（M）-3 ~ AL（M）-6 AL（S）-3 ~ AL（S）-6	0.2 ~ 0.4	PC-3 PA-3	0.3 ~ 0.5

注：表中用量是指包括稀释剂和水分等在内的液体沥青、乳化沥青的总量。乳化沥青中的残留物含量以 50% 为基准。

粘层的作用在于使各层面之间、面层与构造物之间粘结成一个整体。粘层主要起胶结作用，对材料的要求也主要在粘结强度和抗剪强度方面。粘层材料通常采用乳化沥青或改性乳化沥青，改性乳化沥青较之乳化沥青在强度方面有较大改善，慢裂乳化沥青洒布后流淌严重，一般采用快裂型的改性乳化沥青较为适宜，如表 6-4 所示。

改性乳化沥青材料要求 表6-4

试验项目	破乳速度	粒子电荷	筛上残留物 (1.18mm 筛) 不大于 (%)	粘度		蒸发残留物			
				恩格拉粘度计 E_{25}	道路标准粘度计 $C_{25.3}(s)$	残留分量 ≥(%)	溶解度 ≥(%)	针入度 (25℃)≥ (0.1mm)	延度 (15℃) ≥(cm)
指标要求	快裂或中裂	阳离子(+)	0.1	1~6	8~20	50	97.5	45~150	40

二、粘层油施工的控制要点

1. 粘层乳化沥青的洒布一定要采用专用沥青洒布车。先进的沥青洒布车自身带有导热油加热系统和自动控制洒布量的电脑控制系统，洒布宽度和洒布量均可根据需要自动调节，每个洒布喷头都是可控的，从而保证了洒布量的恒定和洒布的均匀性。

2. 不带电脑控制系统的沥青洒布车应进行洒布量的精确标定。方法是：对沥青洒布车的车速、喷洒泵的转速和喷头离地高度进行记录，然后剪一块 $11m^2$ 硬纸板，称好重量，铺在沥青层表面，待洒过粘层乳化沥青后再称其重量，反算出乳化沥青用量和沥青洒布车的车速、喷洒泵的转速等参数，并确定其参数之间的关系。

3. 采用专用沥青洒布车喷洒粘层乳化沥青时，洒布量为 $0.3~0.6L/m^2$，其中乳化沥青中的残留物含量以50%为基准。

三、粘层乳化沥青施工及质量控制

1. 施工前的材料与设备检查

施工前必须提供改性阳离子乳化沥青的检测报告，并确认符合技术标准要求；必须提供沥青洒布车标定报告。在确认材料规格和洒布车参数等没有变化，并得到监理确认后方可施工。

施工前材料的质量检查应以在生产现场储入同一储罐的相同规格品种的改性乳化沥青等为一"批"，进行检查。检查频率为试验段每天抽检一次，要求如表 6-5 所示。

2. 施工过程中的质量控制

施工中应对粘层乳化沥青进行抽样检测，抽检项目、频率、允许误差如表 6-5 所示。

粘层乳化沥青施工过程检验要求　　　　　表 6-5

项目	频率	允许误差
蒸发残留物含量（%）	每天一次	±5
标准粘度（s）	每天一次	
蒸发残留物性质		
软化点（℃）	每天一次	
洒布量（%）	每天一次	±10

四、施工注意事项

1. 粘层乳化沥青应均匀洒布或涂刷，不要过量浇洒。

2. 路面若有脏物或尘土时应清除干净，当有粘连的土块时，要用水冲刷干净，待表面干燥后再浇洒粘层乳化沥青。

3. 喷洒的粘层油必须成均匀雾状，在路面全宽度内均匀分布成一薄层，不得有洒花漏空或成条状，也不得有堆积。喷洒不足的要补洒，喷洒过量处应予刮除。

4. 喷洒粘层油后，严禁除沥青混合料运输车外的其他车辆、行人通过。

5. 当气温低于 10°C 或正在下雨时，不得浇洒粘层乳化沥青。

6. 粘层乳化沥青宜在当天洒布，应待乳液破乳、水分蒸发完后，紧跟着铺筑上层沥青层，确保粘层不受污染。

第七章 特殊路面施工

第一节 SMA 沥青路面施工

自第一条 SMA 路面于 20 世纪 60 年代在德国修建以来，以其优良的抗车辙性能和抗滑性能而闻名于世，至今在欧美地区的应用已有 40 多年的历史。近来 SMA 在我国的实际应用也比较广泛。SMA 即沥青玛蹄脂碎石，是由沥青、矿粉、纤维稳定剂及少量细集料组成的沥青玛蹄脂结合料，填充于间断级配的粗集料碎石骨架的间隙形成的一种沥青混合料。简单地说，SMA 是由互相嵌挤的粗集料骨架和沥青玛蹄脂两大部分组成的。

改性沥青 SMA 是改善骨架的密实结构，沥青用量多，粗集料多，矿粉用量多，细集料用量少。SMA 路面是按照内摩擦角最大的原则，经间断级配的集料形成相互嵌挤的矿料骨架，然后按照孔隙率较小的原则，以沥青玛蹄脂填充骨架的孔隙，形成一种骨架密实结构。由于添加了纤维稳定剂和使用了改性沥青，克服了普通骨架密实结构易于离析的特点，同时增加的沥青用量也使集料表面裹覆着较厚的沥青膜，混合料的粘结力得到了改善，使路面的使用性能得到提高。

一、SMA 原材料要求

原材料质量是 SMA 路面质量控制的基础。SMA 主要原材料的技术指标均应符合要求。

1．沥青

SBS 改性沥青各项技术指标应符合表 7-1 要求：

SBS 改性沥青各项技术指标　　　　　　表 7-1

技术指标		SBS（Ⅰ）			
		Ⅰ-A	Ⅰ-B	Ⅰ-C	Ⅰ-D
针入度（25℃，100g，5s）（0.1mm）	最小	100	80	60	40
针入度指数（PI）	最小	-1.0	-0.6	-0.2	-0.2
延度（5cm/min，5℃）（cm）	最小	60	50	40	30
软化点（TR & B）（℃）	最小	50	55	60	65
运动粘度（155℃）（Pa·s）	最大	3			
闪点（℃）	最小	230			
溶解度（%）	最小	99.5			
离析，软化点差（℃）	最大				
弹性恢复（25℃）（%）	最小	50	60	65	70
RTFOT 残留物	质量损失（%）　最大				
	针入度比（25℃）　最小	50	55	60	65
	延度（5cm/min，5℃）（cm）　最小	35	30	25	20

2．粗集料

SMA 要保证粗集料间形成嵌挤的骨架结构，在 SMA 路面中，车辆荷载主要是由粗集料形成的骨架来承担与传递，与 AC 等悬浮结构相比，SMA 中的粗集料将承受更大的作用力，因此，粗集料必须石质坚硬、清洁，呈近立方体的颗粒。

3．细集料

采用坚硬、洁净、干燥、无风化、无杂质并有适当级配的人工轧制的玄武岩石或灰岩细集料。

4．填料

采用石灰岩碱性石料经磨细得到的矿粉，矿粉必须干燥清洁。SMA 中矿粉的用量在 10% 左右，矿粉用量多，一方面可以增大矿料的比表面积，从而裹覆较多用量的沥青；另一方面，矿粉增加了 SMA 玛蹄脂劲度，有助于增强 SMA 高温抗流变能力。

5. 抗剥落剂

由于玄武碎石与沥青的粘结力只有 3～4 级，规范规定不得低于 4 级，因此，沥青中要掺抗剥落剂。一般掺量为沥青用量的 0.3%～0.6%。

6. 稳定剂

SMA 的沥青用量较多，为了防止施工时混合料中沥青析漏，需要在混合料中加入纤维稳定剂，一般可采用木质素絮状纤维，掺量为沥青混合料总质量的 0.3%～0.4%。

二、SMA 配合比设计

SMA 配合比设计采用马歇尔试件体积设计方法。设计具体步骤是：

1. 精确测定各种原材料的相对密度。经试验测定各种原材料的相对密度，粗集料为毛体积相对密度和表观相对密度的平均值，细集料和矿粉为表观相对密度。

2. 设计初试级配。根据各级矿料的筛分结果，调整各种矿料比例，设计 3 个不同粗细的初试级配，调整时以 4.75mm 通过率为关键性筛孔，变化其通过率则得到 3 组矿料的初试级配。

3. VCA_{DRC} 的测定。用捣实法分别测定三组级配中大于 4.75mm 的粗集料的捣实密度，并分别计算各组初试级配捣实状态下粗集料间隙率 VCA_{DRC}。

4. 初始油石比和矿料级配的体积分析。初始油石比应根据矿料级配的平均毛体积相对密度来选择。一般油石比约为

6.0%，并用三个不同级配分别制作 SMA 马歇尔试件，一组马歇尔试件数≥6 个，用表干法测定试件毛体积相对密度，一组试件用真空法测定最大理论相对密度。在条件限制时，可采用计算法得到的最大密度代替。然后计算 SMA 马歇尔试件的矿料间隙率 VMA，粗集料骨架间隙率 VCA_{mix}、孔隙率 w 和沥青饱和度 VFA。

5. 选择设计级配。从 3 组初级配试验结果中选择设计级配，选择的级配结果应符 $VCA_{mix} < VCA_{DRC}$ 及 $VMA > 17$ 的要求。当有一组以上的级配同时符合要求时，以 4.75mm 筛通过率大且 VMA 较大的级配为设计级配。

6. 马歇尔稳定度试验。按比例称取矿料，按选定设计级配结果配置适量集料，采用 3 种不同的油石比制作马歇尔试件，油石比的调整以初始油石比为基准上下调整 0.3% 左右，并计算孔隙率等各项体积指标，矿料（包括矿粉）加热温度 170~175℃，沥青加热温度 160~170℃，试验拌合温度 160~170℃，开始击实温度 155~160℃。最后得到 3 种不同油石比的马歇尔试验结果。

7. 最佳油石比的确定。当 SMA 试件用表干法测定毛体积密度时，孔隙率一般控制在 4% 左右，根据试验结果测定的各项指标（VMA、VCA、VFA、稳定度、流值等）选定最佳油石比，其中 VFA 是沥青混合料试件的沥青饱和度。

8. 配合比设计检验。用选定的级配矿料和油石比拌 SMA 混合料，进行配合比设计检验。

三、SMA 混合料的拌合

在拌合前，首先要采用强制搅拌法把抗剥落剂按沥青质量的 0.4% 均匀地掺入沥青中。具体方法是：

1. 放入一定容积的沥青到强制式搅拌箱内，根据沥青密度计算出沥青质量，称量沥青质量的 0.4% 的抗剥落剂倒入搅拌箱内，开动搅拌叶片搅拌 2min 后，把搅拌均匀的沥青抽进沥青贮存罐备用，在使用时，可以利用几个沥青贮存罐用泵力循环法再次搅拌。

2. 在 SMA 拌合时，沥青温度应加热至 165 ~ 170℃，集料温度在 180 ~ 200℃，混合料出厂温度在 170 ~ 185℃，超过 195℃ 的混合料应废弃。拌合时，应先加入矿料，紧接着加入矿粉，干拌约 7 ~ 10s，在这期间加木质纤维，干拌后加沥青，湿拌约 36s 后出料，总的拌合时间在 60 ~ 70s 之间。特别注意木质纤维的添加与沥青的添加应前后顺序连接不间断，即木质纤维若不添加，沥青在称量斗内存放，暂不放入拌锅中，以免出现废料，并且要注意校核每锅混合料中木质纤维素的添加量，木质纤维素添加是否准确是决定 SMA 混合料拌合质量好坏的重要因素。

四、SMA 混合料的运输

SMA 的运输采用大吨位自卸车运输。运输车辆要在车厢上设专用温度检查孔，车厢内清洗干净；装料时，汽车应前后移动分三堆装料，减少粗集料的分离现象。料车要覆盖好，用来保温、防雨、防尘，若在气温偏低时施工，最好加一层棉被。运料车的总运输量应大于拌合能力。

五、SMA 混合料的摊铺

SMA 的摊铺一般整幅采用沥青摊铺机成梯队一次性铺筑，接触式或非接触式自动找平系统控制平整度、横坡、厚度，纵缝采用热接缝，两台摊铺机的熨平板重叠 10～20cm，松铺系数一般在 1.1～1.2 左右。在开始铺筑时，熨平板的预热温度≥100℃，混合料温度≥160℃，熨平板夯实等级采用振动频率5.0级，振捣频率4.5级，两台摊铺机的间距在 5m 左右。由于改性沥青 SMA 混合料的粘性很大，摊铺过程中不易产生离析现象，摊铺过程中一般不允许洒补料，只要设专人处理摊铺机后面的个别油斑即可。另外，连续稳定的摊铺是保证上面层平整度的关键。摊铺结束后，要及时清理接料斗、螺旋及熨平板上的剩余料。

六、SMA 混合料的碾压

SMA 碾压时，一般不允许采用胶轮压路机，碾压程序重点分初压、终压两个阶段，一般钢轮压路机紧跟摊铺机碾压。SMA在初压时一般不会产生推移现象，可以直接开振动，振动碾压4～5遍，最后静压一遍消除轮迹。初压时混合料温度应≥150℃，碾压段长度控制在 30m 左右，终压结束温度≥110℃，振动碾压时应采用高频低幅，既保证压实度，又不致将碎石集料压裂。另外，摊铺和碾压在施工过程中均不应停顿，机械加油和加水都要交替进行。

七、接缝处理

接缝是影响路面平整度的重要因素之一。SMA 路面接缝处理比普通沥青混合料难，由于冷却后的 SMA 混合料非常坚硬，应想方设法防止出现冷接缝。为提高平整度，一般切割成垂直面，可在路面完工后，稍停一停，在其尚未冷却之前切割好。

　　具体做法：将3m直尺沿路线纵向靠在已施工段的端部，伸出端部的直尺，呈悬臂状；以已施工路面与直尺脱离点定出接缝位置，用锯缝机割齐后铲除废料，并用水将接缝处冲洗干净；新混合料摊铺前，清洗接缝，涂抹粘层油，并用熨平板在已摊铺的表面层上预热，再下料摊铺。接缝处碾压应尽快处理，先纵向在5~10m来回碾压，再横向在2~4m碾压，最后按正常的速度进行纵向碾压。

八、注意事项

　　为了确保SMA面层的质量，应采取以下措施：

　　1. 加强各种原材料的质量检测。重视SMA配合比组成设计，优化生产配合比。

　　2. 进行多次试拌合试铺工作，确保正式摊铺质量。

　　3. 对试验仪器、测量仪器、拌合设备、计量系统、温度计等进行检查和标定。

　　4. 编制详细的施工技术方案。每一道工序都要有专人负责，每一个技术指标都要有专人或相关人员控制。加强检测，发现问题及时解决。

　　5. 改性沥青SMA摊铺施工时，应保持一个适当的摊铺速度，过快和过慢都会影响质量，摊铺速度过慢会引起压实过度造成玛蹄脂上浮，摊铺速度过快会造成压实度不足和渗水，比较适宜的速度在1.2~2.5m/min之间。

　　6. 拌合时要特别注意矿粉的称量精度，矿粉含水量应≤1%，以免粘堵矿粉的称量精度，使矿粉放料速度慢而产生溢料和拌合能力下降；还要特别注意木质纤维的称量精度，以免用量不准或添加不上而产生废料。在施工过程中SMA改性沥青路面施工质量检查要求见表7-2。

SMA 改性沥青路面施工质量检查要求　　表 7-2

检测项目	标准
压实度	≥98 标准马歇尔密度
平整度	<1.2
构造深度（mm）	0.8~1.5
路面实测孔隙率（%）	3.5~6.0
动稳定度（次/mm）	≥3000

第二节　OGFC 路面施工

OGFC 透水沥青混合料于 20 世纪 50 年代被研制出来，是一种具有高孔隙率的开级配混合料。OGFC 排水性沥青混凝土路面指的就是在不透水的沥青混凝土层面上铺筑孔隙率高达 20% 左右的沥青混凝土抗滑表层，使雨水通过该层内部的连通孔隙沿路面横坡排出路外，而不至于在路表面形成水膜和径流的路面结构。

该技术最早于 1960 年始于美国，欧洲则始于 1980 年。日本真正实施于 1987 年，1993 年成立了排水性铺装研究会，1996 年日本道路协会编制出版了《排水性铺装技术指南》（草案），用于指导施工。OGFC 透水沥青混合料修筑的路面其优点主要有：

（1）可以迅速将路表雨水排除，确保雨天行车时车轮与路面的接触，提高了行车安全。

（2）可以降低噪声，改善沿途环境。车辆在行驶过程中产生的噪声声波一方面可以在 OGFC 路面内连通孔隙中的传播过程中发生膨胀和扩展，将声能转化成热能的形式而削弱；另一方面通过 OGFC 路面表面宏观构造产生漫反射等综合效应，使得行车噪声显著降低。

一、材料及施工准备

1. 粗集料

粗集料应具有良好的颗粒形状，洁净、干燥、无风化、无杂质，具有足够的强度、耐磨耗性。排水性路面粗集料为 4.75mm 以上的集料。粗集料占到集料总重的 80% 左右，比普通密级配沥青混合料高出 20% ~ 30%。

2. 细集料

细集料应洁净、干燥、无风化、无杂质，并由适当的颗粒组成。排水性路面用细集料占集料总重的 10% 左右，用河砂或石屑均可。排水性沥青混合料中 2.36 ~ 4.75mm 之间为断级配。

3. 填充料

填充料使用水泥厂生产的石灰岩矿粉，用量为集料总重的 5% 左右。为改变集料与沥青间的粘附性，可掺加消石灰或水泥，掺加量以占填充料总量的 40% ~ 60% 为宜。根据日本成熟经验与日本《排水性铺装技术指南》，基质沥青宜采用低强度等级、稠度大的沥青，以增强混合料间粘结力。基质沥青一般采用 70 号重交沥青，排水性路面的油石比一般在 5% 左右，其中基质沥青占 84% ~ 90%，改性剂占 10% ~ 16%，使用 TPS 改性剂后，沥青混合料中无需再添加其他稳定剂和抗剥落剂。排水性沥青混凝土路面因是开级配，孔隙率大、沥青易老化、耐久性差，为增加其内部粘结力，增加混合料强度，应采用低强度等级、稠度大的沥青。施工中采用的沥青针入度应在 40 ~ 50（0.1mm）之间为宜。

4. 改性沥青

一般采用高粘度透水沥青，排水性路面要求改性沥青的 25℃ 韧度和抗拉强度应分别达到 20N·m 和 15N·m 以上，60℃

粘度在 20000Pa·s 以上的。

5. 纤维

欧美部分国家在开级配沥青磨耗层中添加纤维，主要是为了确保油膜厚度及防止滴漏。其种类为植物性纤维、矿物性纤维或化学纤维等。添加量为混合物中外添加物重量比的 0.1% ~ 0.5% 或沥青混合料重量比 1% 左右。

6. 抗剥落剂

抗剥落剂一般用消石灰，其添加量约在矿粉的 50% 以内，或者用其他类型的成熟化学抗剥落剂。

二、施工准备

铺筑排水性路面前，应在密级配的沥青混凝土中面层表面喷洒一层掺有橡胶的改性乳化沥青，其作用起层间的高粘结与封水作用。施工应在摊铺前 12h 洒布，以使其充分破乳，不易粘轮。改性乳化沥青中蒸发残留物含量不宜太高，太高会使机械行进阻力大，且会引起上面层油石比增大。

三、混合料配合比

在日本，排水性沥青混凝土路面混合料配合比设计以经验为主，一般不进行详细的理论分析和研究。

国内一般进行配合比设计时首先确定目标孔隙率。经验证明，孔隙率低于 15% 起不到排水作用，高于 25% 容易引起混合料松散，发生早期破坏。日本排水性路面的孔隙率，严寒冰冻地区按 17% 控制，一般地区按 20% 控制。较为成熟的经验配合比为：（5 ~ 15mm）碎石：砂：矿粉 = 85：10：5，最佳油石比 5%。在此基础上，控制 2.36mm 筛孔通过率在中央级配附近，以 ±3%

左右为浮动区间，暂定 3 个级配，并按矿料表面粘附的沥青膜厚，用经验公式计算暂定沥青用量，然后将成型试件进行马歇尔试验，确定孔隙率是否与目标孔隙率一致。必要时对集料级配再做适当调整，例如当混合料的级配组成难于保证必要的孔隙率时，应将通过 2.36mm 筛孔和通过 4.75mm 筛孔的矿料重量差尽量减小。其次通过混合料沥青流淌试验（最大沥青用量）和马歇尔试件飞散试验（最少沥青用量）进行沥青用量检验。取流淌试验和飞散试验两者之间适当的沥青用量作为最佳沥青用量。最后用排水性混合料性能验证。用以上方法确定的矿料级配和最佳沥青用量进行沥青混合料的马歇尔试验、水稳定性试验、车辙试验、流淌试验、飞散试验及冻融劈裂试验等。试验结果应满足混合料技术指标要求，以此为配合比设计。

四、混合料的拌合

1. 温度控制

由于 OGFC 混合料使用的粗集料较多、细集料较少，集料易热，集料温度控制较难。因此需对喷燃器的燃料供给严加控制，或者采取提高细集料供给量或仪表显示值与实测值误差调整的对策。通过前 2 次试铺工作，发现 OGFC 混合料因产量低，细集料用量少，导致温度难以控制。混合料温度过高，易产生沥青的流淌，温度过低则施工作业困难，因此施工中温度控制尤为重要。一般来说矿料加热温度 190 ~ 200℃，沥青加热温度 150 ~ 170℃，混合料出场温度 180 ± 5℃。由于粗集料散热快，应随拌合、随放料，检测温度时车厢内混合料顶堆上的温度与料堆下的温度相差不应超过 3 ~ 5℃。

2. 存放时间

由于 OGFC 混合料细集料少，散热快，不能像普通沥青混合料那样较长时间贮存，长时间存放会出现沥青流淌现象，并会使混合料表面结硬壳。

3. 拌合周期

OGFC混合料拌合时间参数为：集料、改性剂同时进拌锅干拌 10s，然后加入沥青和矿粉，并湿拌 40s 出锅。拌合出的混合料应均匀，无离析、花白、结块等现象，整个一个拌合循环约为 75s 左右。因此较之生产密级配沥青混合料，沥青拌合设备的生产能力将降至 60% 左右。另由于 OGFC 为间接级配，粗集料用量较多，对计量等待时间，热仓的贮存量也相应进行调整。

4. 添加工艺

外掺剂添加方法一般分人工、机械投入 2 种方式。对于少量的试验段，人工通过拌合机的预留入口按用量整袋投入热仓即可；对于大面积的施工，应采用与拌合机配套的添加设备通过风压投入热仓。改性剂的添加方法在投料设备完好的情况下及满足改性剂生产厂家对投料的时间要求时采用机械投料，管道宜采用软性材料直线连结。否则，为谨慎起见，宜人工进行投料，相比而言成本低、准确性高（摄像镜头监控）。

5. 拌合工艺

OGFC排水性路面采用集料改性，TPS 改性剂直接投入拌锅，即混合料改性是一种物理溶解反应。其形式不同于我们经常看到的沥青改性，沥青改性不外乎工厂化改性或现场改性，即用改性好的沥青拌制改性沥青混合料。

五、混合料的运输及摊铺

1. 运输

（1）应具备足够的大吨位运输车辆，满足施工要求。

（2）OGFC 混合料粘性较大，运输车底部须涂较多的油水混合物。

(3) 为使 OGFC 混合料保持高温, 摊铺温度不低于 160℃, 运输车使用双层篷布用以保温。

(4) 运输车辆到达现场后卸料, 均由专人指挥, 料车卸料时, 在距摊铺机 10～30cm 左右以空挡停车, 由摊铺机迎上推动前进。

2. 摊铺

(1) 摊铺机摊铺前, 必须先预热 40min 左右, 使熨平板温度达以 100℃ 以上, 方可摊铺。

(2) 采用 2 台摊铺机梯队联合摊铺, 靠边缘的摊铺机走在前面, 两外侧采用超声波移动式平衡梁找平, 另一台摊铺机紧紧跟后, 相隔 3～5m, 中间重叠 10～15cm, 内侧采用纵波仪在已铺面上走"雪橇", 外侧采用移动式平衡梁找平。

(3) OGFC 混合料产量低, 摊铺机速度较慢, 一般控制在 1.0～2.0m/min, 使拌合设备的生产能力与摊铺速度相适应, 保证摊铺过程的匀速、缓慢连续不间断。

(4) OGFC 混合料粗集料多, 应调整好振捣和振动级数, 以确保足够的初始密实度, 且振不碎集料。

(5) 摊铺过程中, 设专人检查铺筑厚度及均匀度, 发现局部拖痕等问题应及时处理, 同时调整摊铺工艺, 改善摊铺效果。

(6) 由于 OGFC 混合料属于间断级配, 粗集料粒径单一, 因此比其他级配混合料易摊铺, 表面均匀、外观效果好, 不易出现离析。

六、混合料的碾压

1. 由于 OGFC 路面与 SMA 路面级配要求相近, 其压实工艺也就相近。初压、复压阶段须采用刚性碾压, 因为橡胶轮变形大，它与路面接触时局部呈封闭状态，当轮胎驶离路面时易导致热的沥青结合料被上吸堵塞路面孔隙，同时刚轮压路机碾压过程中均不开振动，其为保持路面有 18% ~ 22% 的孔隙。终压阶段采用胶轮压路机，其起稳固混合料与消除轮迹作用。

2. 碾压顺序

初压采用 DD – 110 压路机，各静压 2 遍，速度控制在 1.5 ~ 2.0km/h，紧跟摊铺机进行，初压温度一般控制为 150 ~ 160℃。复压采用 CC722 压路机，静压 2 遍，速度为 2.0km/h 左右，复压紧跟初压进行，两段的界限一般重叠 3 ~ 5m。终压采用 YL20 胶轮压路机，碾压 1 ~ 2 遍，终压必须在路表温度降至 55℃ 左右时进行，否则出现粘轮现象。可以喷洒少量水防止粘轮。

3. 松铺系数

由于 OGFC 混合料路面的孔隙率须保持在 18% ~ 22% 之间，其碾压机械吨位、遍数、碾压温度一定要控制好；否则，很容易出现压实超密现象，松铺系数测不准，路面厚度不足。

七、接缝处理

在施工缝及构造物两端的连接处操作应仔细，接缝应紧密、平顺。

铺筑纵向接缝时，接缝铺筑成梯形。在铺另一幅前将缝边缘清扫干净，并涂洒少量沥青漆。碾压时先在已压实路面上行走，碾压新铺层的 10 ~ 15cm，然后压实新铺部分，再伸过已压实路面 10 ~ 15cm，接缝应压实紧密。上下层纵缝应错开 15cm 以上，表层纵缝应顺直，并尽可能留在车道区画线位置上。

相邻两幅及上下层的横向接缝均应错位 1m 以上。横向接缝的碾压先用双钢轮压路机进行横向碾压。碾压时压路机应位于已压实的混合料面层上，伸入新铺层的宽度宜为 15cm，然后每压

1遍向新铺混合料移动15~20cm，直至全部在新铺层上为止，再改为纵向碾压。横向施工缝采用平接缝，在铺筑邻近面层时需将接缝处再加热。加热时应避免将面层直接暴露在火焰下，接缝处需充分压实，粘结紧密。

八、注意事项

由于OGFC路面在国内尚处于试验性阶段，大面积铺筑的成功经验有限，没有现成的规范技术指导，只有边施工、边摸索、边积累经验，获得一些经验和教训，逐步认识和掌握OGFC路面施工的技术和工艺。

1. 原材料加工难。由于OGFC路面粗集料粒径单一，数量比例大，10~15mm规格间隔小，工厂加工产量低，需提前考虑加工问题。

2. 配合比设计难。为保证设计孔隙率要求，级配中2.36mm筛孔通过量±3%左右相差3个级配，选定后要反复调整级配，马歇尔试验才能达到孔隙率要求和得出合适的沥青用量。

3. 温度控制难。OGFC路面粗集料多、易热，温度很难控制，必须考虑拌合楼喷油装置或增加细集料或找温度差等对策。混合料出场温度（180±5℃）范围狭窄，难掌握。

4. 拌合时间长，产量低，摊铺速度慢，且混合料不可长时间储存，各环节要很好协调。

5. 孔隙率难保证。压路机械吨位，碾压遍数，碾压温度控制要严，否则易出现压实超密现象。

6. 造价高。每吨TPS改性剂4万元，是同厚度同平方密级配混合料的3倍成本。

7. 孔隙大，沥青老化快，使用年限短。国外OGFC路面设计年限一般为 4~7 年，此为制约其发展的一个瓶颈。

8. 抗剪切性能差。该结构路面不易铺筑在弯道大、纵坡大或重载交通地段，宜用于小车专用线或旅游线。

9. 养护难。粉尘污物易堵塞孔隙，需用专用的高压冲洗和吸尘设备。

10. 局限性。铺筑 OGFC 路面应根据当地的地理环境及气候条件，有条件地推广应用，不宜应用在风沙大、降雨少的地区。排水性路面的最大问题是，路面本身的磨损和环境中粉尘污物对孔隙的堵塞，排水功能随时间降低直至丧失排水功能。

11. 在 OGFC 排水性路面的中面层设计时，不仅要考虑封水问题，同时还要考虑强度问题。

第三节　彩色沥青混凝土路面施工

彩色沥青混凝土路面是指脱色沥青或人工调配的浅色胶结料与各种颜色的石料、色料和添加剂等材料在特定的温度条件下拌合而成的各种彩色沥青混合料，再经过摊铺、碾压而形成具有一定强度和路用性能的非黑色沥青混凝土路面。

在道路中采用彩色沥青混凝土铺设路面，具有两大功能：其一具有美化城市、改善道路环境，提高城市品位的效果。多用于城市街道、广场、风景区、公园和旅游景观地；其二具有强化交通警示，疏导交通流量，使交通管理直观化的作用。应用于区分不同功能的路段或车道，以提高驾驶员的识别效果，增加道路的通行能力和交通安全。

从 20 世纪 50 年代起，欧美国家就开始尝试研究应用彩色沥青混凝土路面。在这方面的探讨我国始于 70 年代，但进展缓慢，且在道路上的应用尚少。到 90 年代以来，彩色沥青混凝土才作为一种新型的路面面层材料被开发并广为应用，也由此营造出新世纪交通的时代气息，引起了人们广泛的兴趣和关注。

一、原材料要求

彩色沥青混凝土的原材料主要有：脱色沥青，集料，填料以及颜料。由于多用于景观铺筑，而这些工程的特点是要求路面平整、美观，强度不必太高，所以多采用 AC－10I、AC－5I 型级配。使用集料规格一般为 5～10mm、3～5mm 及机制砂、天然砂，填料多采用石灰岩矿粉。对于胶结料，可以直接使用彩色沥青，也可以使用脱色沥青并掺加颜料。

1. 集料

用于彩色沥青混凝土面层的粗集料应具有良好的颗粒形状，洁净、干燥、无风化、无杂质，具有足够的强度、耐磨耗性，并与脱色沥青粘附力强。由于 5～10mm 集料针片状含量、粘附性等指标不易检测，所以在选择石料的时候尤其要注意原岩的选择。由于酸性石料与沥青的粘附力差、水稳定性不好，宜选择碱性石料。对于石料性质，可以采用同产地、同料厂的较大粒径石料进行试验作为参考。

沥青混凝土的细集料可采用天然砂、机制砂，不宜使用石屑。细集料应洁净、干燥、无风化、无杂质，并由适当的颗粒组成。由于天然砂一般风化严重，含泥量较高，所以在交通部2005 年 1 月 1 日实施的新的《公路沥青路面施工技术规范》中明确规定，热拌密级配沥青混凝土中天然砂使用量通常不宜超过细集料总量的 20％，从而对于天然砂的使用有所限制。因此在机制砂的质量能够保证的前提下，彩色沥青混凝土细集料可以完全使用机制砂。机制砂是指选用优质石料，并采用专用制砂机制造的水洗砂。目前，大多数石料厂家的机制砂实质上是石料厂破碎石料时通过 4.75mm 或 2.36mm 筛下部分的石屑。这两种细集料从外观看，石屑含土量偏多，级配不均匀，砂当量试验结果也有很大差异。另外，细集料应与胶结料有良好的粘结能力，这一点也是由生产机制砂所用的原岩决定的。

2. 填料

填料的重要作用是与胶结料组成胶浆，填充于集料间的孔隙中，并将矿料颗粒粘结在一起，使沥青混凝土具有抵抗荷载和环境因素作用的能力。在彩色沥青混凝土中，填料有两种：一种是矿粉，另一种是彩色的颜料。经实践证明，完全使用颜料，一方面将大大提高混凝土的成本，另一方面颜料在性能上不同于矿粉；完全不使用矿粉，混凝土粘结性及强度均不足，难以压实。此外，从沥青混凝土的路用性能和产品颜色亮丽上考虑，最好不使用拌合机的回收粉。

3. 胶结料

胶结料在沥青混凝土中是构成沥青混凝土结构的重要材料，直接决定了沥青路面的高温稳定性、低温抗裂性、耐久性。沥青用量的多少，对路面抗滑性及施工和易性有重要影响。彩色沥青路面中的脱色沥青除了要满足以上性能要求外，还要降低自身颜色深度，以最大限度使沥青混凝土的色彩艳丽，满足施工的景观要求。

脱色沥青同普通沥青一样在低温状态下可以长期存放，但是不同批次制作的脱色沥青混合使用前应先搅拌均匀，并经检验合格方可使用。脱色沥青在贮运、使用，及存放过程中应有良好的防水措施，并应避免雨水进入沥青中，影响沥青使用性能及混凝土质量。

4. 颜料

颜料的传统用途在于配置涂料、油墨以及着色塑料和橡胶。随着印染助剂及印染技术的发展，颜料开始涉入纺织品着色领域。颜料从化学组成来分类，可分为无机颜料与有机颜料两大类。由于彩色沥青混凝土在生产中的特殊性，对于颜料不仅要求其颜色、遮盖力、着色力，还要考虑其稳定性，尤其是耐热性。在高温环境下使用，有机颜料会发生分解反应，其结晶形态也可能变化，形成更完整的、结晶度更大的晶体，导致其颜色变化。总体来说，无机颜料的耐候耐光耐热性远比一般有机颜料强。在沥青混凝土生产中，由于颜料直接接触高温沥青及集料，所以要求颜料耐热性要高于沥青混凝土生产时集料最高加热温度。按照交通部《公路沥青路面施工技术规范》（JTGF 40—2004）规定，间歇式拌合机集料最高加热温度为190℃，所以要采取一个简单试验来考察颜料的耐热性：将所选几种同样颜色但结构不同的颜料在180℃烘箱中静置2h，再将放入烘箱前的颜色与取出后颜色进行对比，选择色差变化最小的颜料即可。此外，颜料的不同的颗粒大小会使颜色发生变色，遮盖力、着色力的强弱也会随之而变。这些都是在选择颜料时应着重注意的问题。

二、配合比设计

1. 目标配合比设计

根据选好的材料通过矿料级配进行配比计算，找出最佳状态的配合比。级配曲线在推荐范围的中值不一定是最理想的级配，要根据材料本身的特点和具体工程特点而定。如纯粹是人行景观路、球场，则选择细型级配，合成级配靠近范围的上限；如建成后有车辆交通量，则选择粗型级配，合成级配靠近范围的下限。然后按照同型号普通沥青混凝土的最佳沥青用量，以 ±0.3% 为幅度选择不同的油石比进行马歇尔试验，得出最佳沥青用量。

2. 生产配合比设计

目标配合比确定之后，要使用实际施工所用的沥青混凝土拌合设备进行生产配合比的设计。试验时，矿料按目标配合比设计的比例由冷料仓进入加热滚筒，经振动筛分后进入热料仓，试验人员取热料仓集料进行二次筛分，再一次求出实际配合比，使其合成级配在级配范围内，并最大限度地接近目标配合比的级配合成值，按照此级配结果，以目标最佳油石比的±0.3%制作试件，然后进行马歇尔试验，得出最终的生产配合比结果。

3. 生产配合比验证

一般沥青混凝土配合比设计，通过试拌试铺来检验生产配合比。由于彩色沥青混凝土的工程用量小，不可能对每个工程都铺筑试验段进行配合比验证。在实际操作中，都是在生产前进行少量试拌，由试验技术人员进行现场目测，从历次彩色沥青混凝土生产实践经验中，确定混凝土是否合格及能否用于工程上。

需要说明的是，彩色沥青混凝土的配合比设计目标不仅仅是使沥青混凝土的各项物理力学指标符合规范的要求，更重要的是必须满足工程对于颜色的要求，所以在配合比设计的过程中必须加入颜料进行外观检查及马氏试验指标验证。加入时间以目标配合比设计阶段为宜。由于加入的颜料表面积较大，彩色沥青混凝土的油石比要比普通的沥青混凝土偏高。

以90号脱色沥青为胶结料进行试验为例，得到的沥青混凝土性能指标与普通沥青混凝土相比，除由于油石比高、密度及稳定度略小外，基本上没有什么差别。

三、混合料的拌合

彩色沥青混合料与普通沥青混合料拌合基本相似，但应着重注意以下事项：

1. 拌合前，应将搅拌站的拌合缸和沥青输送管道、运输车、施工机械设备等清洗干净；

2. 原材料性能应稳定，使生产目标配合比能最大限度地接近设计配合比；

3. 由于色粉比重大，在混合料中具有着色、分散、吸附、稳定、增粘的作用，添加时需考虑其对环境的影响，生产前应根据目标配合比计算出每盘混合料色粉用量，用聚乙烯塑料袋装好，拌合中由人工辅助加入；

4. 拌合温度应控制在 160～170℃，拌合时间比普通沥青混合料多 10s，出料应及时检查粒料和颜色是否均匀。

四、混合料的运输和摊铺

1. 彩色沥青混合料与普通沥青混合料运输和摊铺各道工艺基本相同；

2. 为提高界面粘结力和减少雨水渗到路面结构，摊铺前基层应清扫干净，喷洒乳化沥青，其用量为 0.3～0.5kg/m²；

3. 开始摊铺时，根据工期安排，考虑到混合料的生产、运输、摊铺和碾压能力，将摊铺机的工作速度严格控制在 2.0～2.5m/min，确保摊铺连续，并做到全幅摊铺不间断一次性成型，以保持色泽一致，粒料均匀、美观。

五、混合料的碾压

1. 碾压组合方式

彩色沥青混合料在压实过程中同样要按照初压、复压、终压三个阶段进行。初压应控制在 130～145℃，终压温度不低于 70℃。碾压过程中应按"紧跟、慢压、高频、低幅"的原则进行。经试验确定碾压组合方式。

2. 碾压过程中应注意：

（1）为防止压路机碾压过程中出现粘料现象，在压路机的水箱中加入适量洗衣粉（0.15kg/m³）对钢轮进行适当的润滑，可以避免钢轮压路机的粘料现象。

（2）为防止彩色沥青面层受污染，在碾压前必须用水冲去粘附在压路机钢轮上的杂物及砂土，确定碾压设备清洁后方可允许进行碾压。同时，碾压结束，温度必须冷却至常温才能开放交通。

六、国内应用现状及问题

当前，我国已将彩色沥青的胶结料基本研制成功，进入铺筑试验阶段。但是彩色沥青技术中还有许多工作要做，例如：

1. 彩色沥青的成本较之普通沥青要昂贵许多，因此如何进一步降低彩色沥青的成本也是需要解决的问题。

2. 彩色沥青路面的色彩主要是由集料和颜料确定的，因此如何选择与颜料同色或浅色的且性能合格的集料，如何选择色泽鲜艳且耐久、价格不高的颜料，还需要进行系列调查、试验工作。

3. 建立和完善彩色沥青胶结料产品的标准和性能评价指标，尽快编写出彩色沥青路面的设计与施工规范。以上这些问题尚待进一步深入研究，才能使彩色沥青路面技术走向成熟。

彩色沥青路面不耐脏，不易维护清洁，尤其淡色沥青路面。这主要是由于各种施工引起的扬尘及机动车的黑色轮胎污染。因此，彩色沥青路面不适合用在车流量大的城市路面，而适用于公园园路、景观广场等。另外，彩色沥青造价昂贵，比普通黑色沥青高出 20 倍左右。目前国产彩色沥青混合料的价位为1100～1500 元/t，每平方米路面的成本一般在 100 元以上。这个价位在一定程度上限制了彩色沥青路面的推广，目前只在景区道路和城市交叉路口等特殊路段铺设。

第四节　SUPERPAVE 路面施工技术

Superpave 技术是美国公路战略研究计划（SHRP）的重要研究成果。1993 年完成后，美国联邦公路局、美国各州公路与运输官员协会（AASHTO）和美国运输研究委员会（TRB）进行了大量的工作以推广 Superpave 技术，到 2001 年，美国 82% 的热拌沥青混合料采用 SUPERPAVE 混合料设计和施工。Superpave 由沥青胶结料规范、混合料设计与分析系统和计算机系统三个部分组成。其特点是开发了一套全新的实验设备和方法，并建立了沥青胶结料和混合料规范的新体系，从根本上改变了现行试验方法和规范纯经验性质。其沥青胶结料和混合料规范的试验方法和指标是同沥青路面性能直接联系起来的，通过控制高温车辙、低温开裂及疲劳开裂等来达到全面改进路面性能的目的。目前，Superpave 被认为是当今世界上最先进的沥青路面技术。我国的 SUPERPAVE 技术的引进和应用方兴未艾，自重庆公路科学研究所 1995 年 6 月编译出版 SHRP 沥青研究项目的专题情报资料以及江苏省交通科学院于 1995 年引进 Superpave 全套仪器和设备以来，其他省份也纷纷购买 Superpave 体系的设备和仪器。如江苏省广靖、锡澄高速公路、山东京福高速公路济南段和湖北京珠高速公路等均采用了 Superpave 技术。

Superpave 设计体系的沥青混合料主要特点：

（1）级配方面：Superpave 沥青混合料的设计级配呈 "S" 形，中档集料用量较多，位于中间部分的颗粒含量较高，合成集料的内摩擦角大，粗集料、细集料用量相对传统的 AC - Ⅰ型结构来说较少，混合料更易形成集料间的嵌挤结构。

（2）级配的 Superpave 沥青混合料由于设计级配中间部分集料多的特点，在外观上与 AC 型混合料有着明显的差别，其混合料的均匀性优越于传统的 AC - I 结构。

（3）从 Superpave 沥青混合料的高温稳定性试验结果看，其高温稳定性能要明显优越于传统的 AC 结构。

（4）碾压的压实功大部分用于克服集料间的内摩阻力，仅小部分用于克服胶结料的粘聚力。同时，由于粗集料冷却快，缺乏足够的碾压时间，使得沥青混合料难以压实。必须通过提高沥青混合料的出料温度、碾压温度和增加有效压实功才能达到理想的压实度。

一、Superpave 原材料要求

1. 沥青

Superpave 胶结料采用性能（PG）等级评定沥青，主要提供三种选择胶结料等级的方法，即根据地理区域、路面温度、气温。以往工程项目主要是依据经验选择 AH - 70 或 AH - 90。Superpave 沥青胶结料 PG 分级的特点是必须满足对应的温度要求，如胶结料规定为 PG64 - 22，即胶结料高温时的物理特性试验必须达到 64℃以上，低温下的物理特性必须小于 -22℃。

高速公路选用符合《重交通道路石油沥青技术》的沥青，改性沥青必须满足《改性沥青路面施工技术》的有关要求。重交通沥青和中、轻交通沥青的一个重要区别就是对沥青蜡含量的要求，重交通沥青要求含蜡量不高于 3%。蜡含量过高对于混合料的高、低温性能均有很大危害，蜡的熔化点很低，在低温下又容易变脆，而且具有润滑作用影响石料和沥青的粘附性能。因此，对沥青蜡含量必须高度重视。改性沥青由于容易发生沥青和改性剂的分离，不宜储存过久。应结合离析试验，施工计划安排

和天气预报，合理进行改性沥青的进场计划，并及时做好沥青的送检和留样工作。

2. 集料和矿粉

对集料、矿粉的管理直接影响到路面工程的质量和工程进度。应对每批进场的集料和矿粉进行试验检测，制定具体的、可操作性的集料和矿粉验收制度，并明确责任人。对集料的试验应关注集料的筛分、针片状、粘附性和4号料的粉尘含量和砂当量，这些指标直接影响混合料的性能。

细集料的含水量变化很大，最高可达10%以上，高含水量的集料将直接导致拌合料生产能力的下降，混合料品质的降低。因此集料的堆放应采取如下方法：

（1）堆放场地洁净坚实，以利排水，确保不存水；

（2）集料堆放在防雨棚内；

（3）防止集料二次粉尘污染，集料表面应覆盖，遮雨防尘。

矿粉的试验应关注筛分、含水量和亲水系数。袋装矿粉采用室内堆放、防雨防潮，避免矿粉受潮结块。拌合机内储存矿粉不宜过多，结合工程计划安排进场，雨期施工尤其应避免储存过多矿粉而造成矿粉受潮结块。

3. 外掺剂

是否掺加抗剥落剂，应根据沥青与石料的粘附性能来确定，一般规定，对于中下面层，粘附性须不小于4级，对于上面层，须不小于5级。抗剥落剂的掺量通常为0.4%，对于大部分的石料，可提高1~2级。

二、Superpave 混合料的拌合

1. 美国关于 Superpave 拌合的经验

在美国，Superpave 混合料与马歇尔混合料的拌合并无大的

变化。有一些承包商将拌合温度提高5~8℃，拌合时间没有改变。但多数承包商反映Superpave混合料对级配控制、细料数量及类型、沥青的储存、布袋式储存器等方面细节要求更严格。

2. 拌合机筛网的确定

拌合机筛网的设置直接决定了拌合机的产量、混合料级配稳定性和生产的经济性。不同的筛网设置适用于不同的混合料生产。

3. 拌合机上料速度的确定

Superpave混合料粗集料比例较大，为保证仓内平衡和防止溢仓，必须控制好各冷料仓的上料速度，并在实际施工中进行必要的微调。

4. Superpave混合料的拌合

拌合设备启动前，发出信号，使各岗位人员就位，确认全部准备工作就绪后合上电闸。对各部分的起动严格遵守操作规程，按料流方向顺序进行。采用轮式装载机将1~4号集料投入相应的料仓，拌合设备运行中经常检查各料仓的贮料情况，如因上料速度等原因造成各仓贮料严重不平衡，将及时停机。

Sup-25和Sup-19沥青混合料的拌合与普通混合料相似，严格按照有关高速公路生产拌合的要求，适当提高料温，确保拌合时间。Sup-13上面层采用SBS改性沥青，需要提高混合料的拌合温度。高速公路生产为了尽可能消除集料中粉尘的影响，控制风门完全开启，负压控制在22~26（普通混合料负压8~12）。干拌时间不宜过长，一方面将粗集料打碎，细集料磨成矿粉，改变了混合料级配和0.075mm通过量，影响了混合料的路用性能；另一方面对机器拌缸损耗太大，不利于生产。湿拌时间决定了混合料拌合的均匀程度，决定了出场混合料的品质，不宜过短。必须确保混合料均匀，无花白料，无沥青滴漏现象。

拌合结束后，停止供给冷料并空转滚筒30min。滚筒空转时须加大风机的风门，尽快驱除筒内的空气，并使滚筒冷却。热料仓中的余料放入拌缸中干拌后放空，起到刷净拌缸内残余沥青的作用。拌合设备每次作业结束后应反转泵排管道中的残余沥青，以防止沥青冷却后堵塞管路。

三、Superpave 混合料的运输

混合料运输车辆配置应结合拌合产量、运输距离、摊铺碾压速度等因素，确保将拌合好的混合料及时送至摊铺现场，在摊铺机前经常保持 4~5 辆待卸车，同时满足拌合、摊铺的连续进行，不因车辆少而造成停工待料。

运输车的车辆必须打扫干净，为防止沥青混合料与车厢板粘结，在车厢板侧板和底板喷涂柴油混合液，确保车厢底板无残积液。

沥青混合料装车时为减少沥青混合料的粗细颗粒离析现象，装料过程中料车应前后移动位置，避免料堆过高粗料滚动而造成离析。为了便于检测混合料温度，所有料车必须预设测温孔，对于无孔车辆，不准用于高速公路沥青混合料的运输。

沥青混合料料温测定结束后，立即开始料车的覆盖，采用三层覆盖，即两层油布间夹一层棉被，棉被不宜直接覆盖在热料表面，每车混合料出场前，专人负责检查覆盖情况，并填写出料单，写清料车车号、毛重、皮重、出料温度、出料时间。现场凭运料单收料并检查混合料外观和温度，如果现场混合料的颜色不均匀，有花白料，结块或遭雨淋，混合料必须作废料处理。

四、Superpave 混合料的摊铺

1. 下承层的准备

下承层施工前，应提前 1~2d 检查下封层、二灰碎石质量状

况和层间粘结情况，检查路缘石安装情况，有无平面移位、损坏，对污染、破损、质量缺陷等问题，确保摊铺前处理结束。

长期养生的二灰碎石经温湿作用，强度形成良好，尤其是经过覆盖过冬保护的二灰碎石，表面平整、坚硬，颜色类似水泥混凝土路面表面。对有二灰碎石表面局部颗粒松动的段落认真处理，采用人工配合机械的方法，彻底清除松动颗粒，直至坚硬二灰碎石层。松动颗粒处理结束后，清扫浮尘，然后进行下封层施工。

在进行下封层表面的清扫前，首先认真检查下封层与二灰碎石表面粘结情况，下封层表面检查采用一字形螺丝刀，用力挑起下封层。如下封层表面可被成片挑起，则说明下封层和二灰碎石之间连接不好，需将这些下封层予以清除，处理二灰表面松动颗粒直至坚硬层，重新补打下封层。

下层施工时，须将表面浮动的多余石屑清扫干净，并使用森林灭火器将浮灰吹干净。认真清扫下封层表面，高压水冲洗泥土、杂物等污染的下基层表面。局部已被严重剥落的下封层，须重新补做。对于封层施工结束时间与试铺时间相隔较长的段落，试铺前需对下封层喷洒少许粘层油（乳化沥青），以便更好粘结，加强整体性；粘层油喷洒量按 $0.2 \sim 0.3 kg/m^2$ 来控制。

中、上面层施工前 $2 \sim 3d$，也要对下承层进行类似的检查和清理。对于表面轻度柴油污染，如滴油、小片油团，人工凿除至无污染层，补洒粘层油；对于大面积柴油污染，表面石子有明显松散的区域，整块切除至下一层，在四周及层底补洒粘层油，并用沥青混合料填补，采用小型压路机碾压至要求密实度。下承层的检查还要检查钻芯的孔洞，钻芯孔洞采用细粒式沥青混凝土填补，确保密实，修补表面略高，确保孔洞不积水蓄水。

中、上面层施工前 1d，要对拟施工段落洒布粘层油。粘层油采用 70 号快裂乳化沥青，洒布量控制在 $0.2 \sim 0.3 kg/m^2$，对于桥面、通道顶面、污染、下层横向接缝处洒布量可控制在 $0.3 \sim 0.4 kg/m^2$。

2. 摊铺前的准备工作

（1）机具准备

高速公路沥青路面摊铺一般采用两台同型号的进口摊铺机拼幅摊铺，为防止三层沥青在拼幅施工纵缝处重叠，两台摊铺机拼幅施工中采用不等宽摊铺，使下、中、上摊铺机接缝处相互错开。

（2）摊铺控制

下面层的纵坡基准面采用标高控制，中、上面层采用平整度控制。因此，下面层摊铺中，摊铺机的纵坡采用走钢丝控制标高。前行摊铺机采用单纵坡控制，后行摊铺机采用双纵坡控制。中、上面层摊铺中，前后行摊铺机均采用平衡梁控制标高。

（3）松铺厚度确定

摊铺机开始工作前，事先准备 2～3 块坚硬的长方形垫木；垫木宽 5～10cm，长与熨平板纵向尺寸相同或稍长，厚度为计算的松铺系数，将摊铺机停置于摊铺起点后，抬起熨平板，把垫木置于熨平板的下面，因是加宽熨平板，垫木放在加宽部分的近侧边处。

摊铺层的厚度是由熨平板的仰角所决定的，故调整好工作仰角 α 的初始值至关重要。中、下面层摊铺时熨平板初始仰角 α 标尺数值设为 0。为了防止离析，建议将螺旋布料器调至低位，即螺旋布料器中心线距底面 310mm。

（4）混合料的摊铺

为确保沥青路面达到良好的平整度，中面层正常段落采用浮动基准梁进行纵坡及平整度控制，桥头及通道采用走钢丝进行控制。而上面层全部采用浮动基准梁控制。正常段落采用两台摊铺机梯队作业，前行摊铺机采用双侧基准梁进行平整度控制，后行摊铺机采用外侧基准梁控制，内侧采用小滑橇控制。

路面摊铺中，需要确定预夯、主夯锤行程，一般预夯和主夯可相同，均不低于 4 级，可设置在 4、4.5、5 级，预夯和主夯一样大或高过主夯半级。一般即使是同型号的摊铺机，相同的夯级振夯效果也不是完全相同，左右两半幅会存在一定的差异，应该各自独立调节直到摊铺效果完全一致，且无视觉上的差异。预夯和主夯设置直接关系到路面的外观和初始压实度，在施工中应该认真探索，分别确定两台摊铺机的最佳设置值。

摊铺机的作业速度选择，主要考虑的是摊铺、碾压的连续进行，确保拌合楼及摊铺机前没有车辆积压现象，确保碾压的连续进行。螺旋进料器进料速度和摊铺速度相匹配，自动调节，摊铺速度不宜过慢，避免路面表面的离析。

五、Superpave 混合料的碾压

Superpave 设计的沥青混合料具有多采用改性沥青和粗集料含量高的特点，提高沥青混合料拌合温度、碾压温度成为必然；此外也由于 Superpave 混合料颗粒含量高、沥青用量少，冷却速度比常规混合料快，压实困难，故碾压工艺应受到足够的重视。

1. 美国关于 Superpave 碾压的经验

美国关于 Superpave 施工谈论最多的是关于 Superpave 混合料的压实。即混合料在 90～110℃ 左右，钢轮碾压中发生推移现象。70% 的承包商表示较难达到特定的压实度，原因是粗集料的增多和层厚的增加。尽管有一些困难，但 85% 的承包商表示可以获得一致的压实度。90% 的认为压实度的变异性和马歇尔混合料一样，同样 90% 的用户反映按照过去的经验即可满足混合料的压实。40% 的承包商认为 Superpave 混合料降温速度要快于马

歇尔混合料。总的说来，承包商反映 Superpave 混合料的压实要较马歇尔混合料困难。碾压的关键在于一些细节的处理，正如一位承包商形容的压实过程"不容易，但不是不可能"。

2. 混合料的碾压要点

Superpave 混合料与传统 ACI 型混合料相比，粗集料比例较大。对于粗集料比例大的沥青混合料，必须增大压实功，才能获得所需的孔隙率。一般来说，混合料温度低于 80℃，碾压已起不到提高压实度的作用，摊铺结束到降温至 80℃ 就是有效压实时间。有效压实时间与气温、摊铺温度、下层温度密切相关。摊铺层越厚，混合料冷却速度越慢，有效压实时间也越长；铺层越薄，有效压实时间越短。

初压一般使用双钢轮压路机静压或去静回振一遍，一般不用胶轮压路机。

复压一般先使用双钢轮压路机振动碾压。研究表明，仅用两台胶轮压路机无法使路面压实度达到 95% 以上，而用振动碾压 2~4 遍就可以将压实度提高到 96%~98%，SMA 等粗级配玛蹄脂含量高的混合料碾压不使用胶轮压路机，也可以达到良好的压实度。国外研究认为，振动压路机是沥青路面复压的最好机型。但是，钢轮压路机碾压后，铺层表面会产生热裂纹现象，这时利用胶轮压路机的搓揉碾压作用，可以有效消除面层表面的这种热裂纹。

终压采用双钢轮压路机静压 1~2 遍。终压不能起到提高路面压实度的作用，其目的是消除胶轮碾压的轮迹。终压压路机要求钢轮较宽，碾压速度不宜过快。

3. 碾压注意事项

（1）初压时压路机应紧跟摊铺机，防止混合料降温过快。压路机折回处不在同一横断面上，而是呈阶梯形随摊铺机向前推进。

（2）各个碾压作业段落，初压、复压、终压的起终点应有标识，插牌或插旗，避免漏压现象。

（3）当有粘轮现象时，可以向碾压轮少量洒水或洗衣粉水，不得向轮上喷洒柴油或涂抹油水混合物。一般碾压轮和路面温差越大越容易发生粘轮现象，因此应尽量保持钢轮和胶轮的温度，保持高温作业。建议给钢轮和胶轮外面穿上"围裙"，以利于保温，在低温季节、大风季节非常有利。

六、接缝处理

1. 纵向施工缝，将已铺混合料部分留下 10~20cm 宽暂不碾压，作为后铺部分的高程基准面，并有 5~10cm 左右的摊铺层重叠，以热接缝形式在最后做跨接缝碾压以消除缝迹。在变宽路段，尽量采用热接缝形式，若纵向缝使用冷接缝，按有关要求施工。

2. 横向施工缝，采用平直接缝，切缝时间宜在混合料尚未冷却结硬之前进行。横缝位置的选择应保证其最端部横向边缘的厚度、平整度满足要求，用切缝机锯齐，形成垂直的接缝面；在继续摊铺时，先涂抹少量粘层沥青，然后用双钢轮压路机进行横向碾压，碾压时压路机应位于已压实的面层上，错过新铺层15cm，然后每压一遍，向新铺层移动 15~20cm，直至全部在新铺层上，再改为纵向碾压。

3. 在冷接缝及与构造物两端连接处，采用相对细的沥青混合料人工摊铺，精心施工，连接平顺，保证接缝处压实良好。

参 考 文 献

[1] 中交公路规划设计院. 沥青路面设计规范（JTG D50—2006）. 北京：人民交通出版社，2006.

[2] 李福普，沈金安. 公路沥青路面施工技术规范实施手册（JTG F40—2004）. 北京：人民交通出版社，2005.

[3] 中华人民共和国交通部. 公路沥青路面施工技术规范（JTGF40—2004）. 北京：人民交通出版社，2004.

[4] 中国工程建设标准化协会公路工程委员会. 公路沥青玛蹄脂碎石路面技术指南（SHC F40-01—2002）. 北京：人民交通出版社，2002.

[5] 姚祖康. 路面. 北京：人民交通出版社，1997.

[6] 沙庆林. 高等级公路半刚性基层沥青路面. 北京：人们交通出版社，1998.

[7] 张登良. 沥青路面工程手册. 北京：人民交通出版社，2003.

[8] 沈金安. 沥青及沥青混合料路用性能. 北京：人民交通出版社，2003.

[9] 沈金安. 改性沥青与SMA. 北京：人们交通出版社，1999

[10] 殷岳川. 公路沥青路面施工. 北京：人民交通出版社，2003.

[11] 【美】F. T 瓦格纳. 沥青混合料的铺筑与压实. 蔡华民译. 北京：中国建筑工业出版社，1989.

[12] 徐培华. 公路工程试验检测技术. 北京：人们交通出版社，1999.

[13] 郝培文. 沥青路面施工与维修技术. 北京：人民交通出版社，2000.

[14] 虎增福. 乳化沥青及稀浆封层技术. 北京：人民交通出版社，2001.

[15] 郭忠印，李立寒. 沥青路面施工与养护技术. 北京：人

民交通出版社，2003.

[16] 中国公路学会筑路机械学会. 沥青路面施工机械与机械化施工. 北京：人民交通出版社，1999.

[17] 李继业，刘经强，孙代英. 道路工程施工实用手册. 北京：化学工业出版社，2006.

[18] 杨文渊，钱邵武. 道路施工工程师手册. 北京：人民交通出版社，2003.

[19] 余叔藩. SMA 路面设计与施工. 北京：人民交通出版社，2002.

[20] 沙庆林. 多碎石沥青混凝土 SAC 系列的设计与施工. 北京：人民交通出版社，2005.

[21] 伍石生. 低噪声沥青路面设计与施工掩护. 北京：人民交通出版社，2005.

[22] 严家及. 道路建筑材料. 北京：人民交通出版社，1998.

[23] 江苏交通科学研究院. 高性能沥青路面（superpave）基础参考手册. 北京：人民交通出版社，2002.

[24] 李红专. 高速公路路基路面施工工艺. 北京：人民交通出版社，2004.

[25] 美国沥青协会再生协会. 美国沥青再生指南. 北京：人民交通出版社，2006.

[26] 何挺继. 现代公路施工机械. 北京：人民交通出版社，1999.

[27] 胡长顺. 高等级公路路基路面施工技术. 北京：人民交通出版社，1994.

[28]【美】沥青协会. 沥青路面铺筑手册. 吕保生译. 北京：人民交通出版社，1982.

[29]【德】汉斯·享利奇. 柔性路面压实施工工艺. 白福臻译. 北京：人民交通出版社，1989.

[30] 盖金茨维. 道路沥青混凝土稳定性研究. 北京：中国建筑工业出版社，1981.